Michael Landgraf

Glücksorte an der Deutschen Weinstraße

Fahr hin & werd glücklich

Dieses

Glücksbuch

ist für

Liebe Glücksuchende,

herzlich willkommen in einer der beliebtesten und traditionsreichsten Urlaubsregionen des Landes! Auf der Deutschen Weinstraße, auf Pfälzisch „Woischtroos", laden auf rund 80 Kilometern plus Nebenstrecken zwischen Bockenheim und dem Elsass das Rebenmeer und der angrenzende Pfälzerwald, alte Burgen und moderne Vinotheken mit Weitsicht zum Wandern, Radeln und Genießen ein. Ein Erlebnis sind die pittoresken Weinorte und gemütlichen Kleinstädte, wo man in Winzerstuben oder auf einem historischen Marktplatz wie in Neustadt oder Landau entspannen kann. Zypressen, Feigen- und Mandelbäume wie auch das milde Klima der Deutschen Weinstraße, einer der wärmsten Regionen Deutschlands, erinnern an die Toskana, beispielsweise am Sonnentempel in Gleisweiler, im Mandelblütendorf Gimmeldingen, auf dem römischen Weingut in Ungstein oder auf der Burg Battenberg. Auf unserem Weg liegt mit dem Hambacher Schloss das Symbol der deutschen Demokratie, aber auch das größte Fass samt größtem Weinfest der Welt in Bad Dürkheim. Die Landschaft präsentiert sich zu jeder Jahreszeit in bunten Farben und macht Lust, sehr gerne immer wiederzukommen.

Ihr Michael Landgraf

Deine Glücksorte …

… noch mehr Glück für dich

Völkerverbindend

1 Das Weintor in Schweigen-Rechtenbach

Mächtig steht es weithin sichtbar auf einer Anhöhe. Das rund 19 Meter hohe Weintor in Schweigen-Rechtenbach ist der südliche Anfangspunkt der Deutschen Weinstraße. In nur acht Wochen wurde es 1936 als Bollwerk gebaut, Frankreich fest im Blick. Ein Jahr zuvor war die Deutsche Weinstraße entstanden, als erste deutsche Touristik-Route überhaupt. Die lange französisch besetzte Pfalz und deren Wein sollten auf diese Weise gefördert werden. Heute symbolisiert das Weintor eine völkerverbindende Begegnungsstätte, weithin erkennbar deutsch, französisch und europäisch geflaggt.

Das beliebte Ausflugsziel gehört zur Winzergenossenschaft Deutsches Weintor, die auch die Vinothek betreibt. Dort findet man alles rund um den Rebensaft: beste Weine, Sekte und Traubensäfte zum Verkosten, aber auch Marmelade und Tresterschnaps. Auch gibt es die typischen Dubbegläser mit den nach innen gewölbten Tupfen, aus denen in der Pfalz Weinschorle halbliterweise getrunken wird. Das Weintor lädt zum Entdecken ein. Von der zehn Meter hohen Plattform aus hat man beste Sicht auf die nächsten Etappen entlang der Weinstraße oder ins nahe Wissembourg im Elsass, wohin ein Grenzland-Bähnchen fährt. Zwei Mohnkapseln auf dem Tor symbolisieren die Fruchtbarkeit der Weinregion. Der auffällige Adler an der Südseite erinnert an die Anfänge des Tores im Dritten Reich, der Umriss des US-amerikanischen Bundesstaates Texas, den ein Soldat hinterlassen hat, an dessen Ende. Heute liegt der Fokus hier allein auf dem Wein und den Winzern. Dies zeigen Hinweistafeln auf der Innenseite des Weintors und bronzene Bodenplatten, die zum Wein-Walk of Fame gehören. Es werden hier Persönlichkeiten und Organisationen geehrt, die sich um den Weinbau verdient gemacht haben. Jährlich am 23. April kommt eine neue Bronzeplatte hinzu. An diesem Tag feierten bereits die Römer zu Ehren des Gottes Jupiter ein Weinfest – eine Tradition, an die sich die weingeschichtsbewussten und feierfreudigen Pfälzer gerne erinnern.

TIPP
Naturliebhaber entdecken hier den ältesten Weinlehrpfad Deutschlands.

- Weintor, Weinstraße 5, 76889 Schweigen-Rechtenbach, www.weintor.de
- ÖPNV: ab Bf Bad Bergzabern Bus 543, Haltestelle Schweigen Weintor

weintor
weintor

Wie Gott im Elsass

2 An der Lauter in Wissembourg

Auch wenn die Ländergrenze überschritten wird: Zu einer Weinstraßentour gehört unbedingt auch der Besuch von Wissembourg. Im Supermarché am Ortseingang kann man sich mit einem dünnen Weißbrot, der Flute, sowie mit etwas Pastete, hier Terrine genannt, und Käse versorgen. Plätze für ein Picknick gibt es viele entlang der durch die Stadt fließenden Lauter. Der schönste dürfte der kleine Park am Quai Anselmann sein. Hier sitzt man gemütlich am Wasser und im Zentrum, mit Blick auf die Kirche Sankt Peter und Paul. Die gehörte zu einem Benediktinerkloster, an das noch eine Mönchsfigur erinnert. Die seit dem 7. Jahrhundert bestehende Abtei besaß viele Pfälzer Dörfer und war geistiges Zentrum der Region, das sogar Speyerer Bischöfe stellen durfte. An das Kloster erinnert noch der wunderschöne Kreuzgang. Hier lebte der älteste bekannte deutsche Dichter Otfrid, der 700 Jahre vor Martin Luther Teile der Bibel übersetzte und dafür erstmals den Ausdruck deutsche Sprache nutzte.

Vom Park am Quai Anselmann aus hat man auch einen guten Blick auf das etwa 1450 erbaute mittelalterliche Salzhaus mit seinem gewellten Dach. Entlang der Lauter nach Westen passiert man stattliche Bürgerhäuser aus der Zeit um 1522, als Weißenburg zu den ersten evangelischen Städten überhaupt zählte und einem mächtigen Städtebund angehörte. Die nächste Station ist die Pfistermühle, die einst das Kloster mit Mehl versorgte und heute teils als Feriendomizil, teils als Kulturzentrum genutzt wird. Der Lauter folgend trifft man am Boulevard Clemenceau auf das Schwimmbad, das an heißen Sommertagen Erfrischung bietet. Von dort folgt man einem anderen Arm der Lauter zurück in die Altstadt, wo sich der Fluss romantisch durch Häuserzeilen zwängt.

Wer nach dem Spaziergang Lust auf einen edlen Nachtisch hat, ist bei der Patisserie und Chocolaterie Rebert am Place de Marché aux Choux 7 goldrichtig. Im Elsass kann die Weinstraßentour auf zwei empfehlenswerten französischen Routen fortgesetzt werden: auf der Straße der pittoresken Ortschaften sowie auf der Straße der Romanik.

● Wissembourg, Frankreich/Elsass

● ÖPNV: ab Bf Neustadt RB53, Haltestelle Bf Wissembourg, Fußweg ca. 10 Minuten

Tropenparadiesisch

3 Das Kakteenland in Steinfeld

Sonnenverwöhnt ist sie, die Südliche Weinstraße, doch wer erwartet hier ein Tropenparadies? Das gibt es in Steinfeld, auf Pfälzisch Schtääfeld, nahe dem Weintor in Schweigen. Seit 1978 existiert der Familienbetrieb Kakteenland. Das auf über 5000 Quadratmeter angewachsene Areal ist bundesweit die erste Adresse für Liebhaber von Wüsten- und Tropengewächsen. Herzstück der Anlage ist eine glasüberdachte Pflanzenhalle, die Besucher sofort in andere Welten versetzt. Riesige Kakteen, wie sie im Original beispielsweise in der US-Wüste Sonora zu finden sind, stehen hier zum Bestaunen oder zum Kauf für den eigenen Wintergarten bereit. Es ist vor allem die Vielfalt von Pflanzen, die so zusammengestellt beeindrucken und für die man unbedingt Zeit einplanen sollte.

Wie der Name sagt, stehen Kakteen besonders im Fokus. Eine weitere Attraktion sind die Sukkulenten, saftreiche Pflanzen, die an besondere Klima- und Bodenverhältnisse angepasst sind. Zu ihnen gehört die berühmte Aloe Vera, der man Heilkraft nachsagt. Winterharte Palmen werden angeboten, die man überall entlang der Deutschen Weinstraße in Gärten entdeckt, aber auch empfindlichere Gewächse wie Bananen oder fleischfressende Pflanzen findet man hier. Da auch Menschen ohne grünen Daumen an den Überlebenskünstlern aus der Pflanzenwelt lange Freude haben werden, ist sicher für jeden etwas dabei. Wer möchte, kann sich einer Führung anschließen, denn nicht jede der Kaktuspflanzen und Sukkulenten ist ausreichend beschrieben. Dabei erfährt man, dass eine der beliebtesten Zimmerkakteen der imposante runde, aber stachelige Goldkugelkaktus ist. Augenzwinkernd wird er auch Schwiegermutterstuhl genannt. Dass das Kakteenland ganzheitlich angelegt ist, zeigen kulinarische Besonderheiten im Bistro „Zum Schwiegermuttersitz“. Dort wartet Feines aus der Kaktus-Küche: Flammkuchen mit Kaktusstreifen, veganes Kaktusgemüse, Kaktusfalafel und Kaktussalat. Ob hier Schwiegermütter auf einem stacheligen Sitz Platz nehmen müssen? Lassen Sie sich überraschen.

- Kakteenland Steinfeld, Wengelspfad 1, 76889 Steinfeld, Tel. (0 63 40) 12 99 www.kakteenland.de
- ÖPNV: ab Bf Neustadt RB53 bis Bf Steinfeld; Bus 544, Haltestelle Steinfeld Kirche, Fußweg ca. 15 Minuten

Geistreich

4 Der Waldgeisterweg in Oberotterbach

Skurrile Figuren gibt es einige entlang der Deutschen Weinstraße, aber Waldgeister gibt es nur in Oberotterbach. Auf dem rund vier Kilometer langen Waldgeisterweg, der auch mit dem Kinderwagen oder dem Rad bewältigt werden kann, lauern sie in Bäumen oder hinter Büschen und laden Jung und Alt zum Schmunzeln ein. Der Weg führt vom Parkplatz Schützenhaus mitten in den Pfälzerwald bis zu einer Kreuzung von Wanderwegen. Dort kommt man dann weiter zur Burgruine Guttenberg oder zum Westwall-Wanderweg.

Die Figuren wurden aus Bäumen, Wurzeln oder Holzklötzen herausgearbeitet. Abwechslungsreich ist die Mimik der Schnitzereien. Der Künstler Volker Dahl hat die meisten ehrenamtlich mit viel Fantasie harmonisch in der Natur platziert. Zwei riesige Waldgeister am Schützenhaus bilden den Anfang und begrüßen die Spaziergänger. Es folgen dutzende kleinerer Figuren, die je nach Vorlage aus der Natur mal grimmig, mal fröhlich oder einfach nur meschugge dreinschauen. Ein Höhepunkt der Schnitzkunst ist eine Darstellung der sieben Zwerge. Auf der Strecke finden sich auch klassische Figuren von Waldtieren. Ab und an sind Aktivitäten angesagt. So lädt ein Holzxylophon zum Musizieren ein und Holzstämme mit geschnitzten Köpfen zum Reiten. Es gibt Sitzgelegenheiten, auf denen man umrahmt von Waldgeistern Ruhe tanken kann. Dass es sich um einen ausgewiesenen pfälzischen Waldgeisterweg handelt, wird schnell durch einige Inschriften deutlich: „Do guggemol nuff“ – „Da schau hinauf“ wird man an einer Stelle aufgefordert. Ein Waldgeist erinnert an ein anderes Fabelwesen der Deutschen Weinstraße, die Elwetritsch. Die schaut verwundert aus einem Baumstamm und sagt: „Emol gugge, wer do alles kummt“ – „Mal schauen, wer alles hier vorbeikommt.“ Ein humorvoller pfälzischer Wetterbericht lehrt: Wenn der Stein nass ist, sei dies ein untrügliches Zeichen dafür, dass es geregnet hat. Favorit der humorvollen Pfälzer ist ein Waldgeist mit wirrem Blick und der Aufschrift: „Gugg nit so bleed, gugg so wie ich!“

TIPP

Die Waldgaststätte Schützenhaus mit Biergarten bietet Flammkuchen mit Münsterkäse oder Holzkohlegegrilltes.

- Waldgeisterweg, Oberdorfstraße, 76889 Oberotterbach
- ÖPNV: ab Bf Bad Bergzabern Bus 543, Haltestelle Oberotterbach Ort, Fußweg ca. 12 Minuten

gugg nit so
bleed, gugg so
wie ich!

Dornröschendorf

5

Märchenhaftes in Dörrenbach

Wo sich wohl die Brüder Grimm für ihr Märchen vom Dornröschen die Inspiration holten? Für die Dörrenbacher ist das klar: Sie müssen in ihrem Dorf gewesen sein. Abseits der Südlichen Weinstraße liegt der bereits landesweit als schönstes Dorf gekürte Ort in einer Sackgasse. Schon der 1000 Jahre alte Ortskern ist märchenhaft. Der schönste Fleck ist die Wehrkirche Sankt Martin mit ihrem verwunschenen Wehrturm. Man würde am liebsten rufen: „Rapunzel – lass dein Haar herunter." Schon zur Zeit des Kaisers Friedrich Barbarossa soll die über 750 Jahre alte Vesperglocke dieser Kirche geläutet haben. Die Wehrmauer selbst stammt aus der Zeit um 1300. Gegenüber liegt das Renaissance-Rathaus mit Fachwerk und Schnitzereien.

Um Kirche und Rathaus wird das Dornröschenfest mit mittelalterlicher Festmeile, Rittern, Falknern und fahrendem Volk gefeiert. Dann küren die Dörrenbacher statt einer Weinkönigin ein Dornröschen, samt der sieben Zwerge. Vor solch einer Kulisse wird sicher jedes Dornröschen gern wachgeküsst. In und rund um Dörrenbach wird das Märchenhafte auch ganz plastisch dargestellt. Gleich hinter der Bushaltestelle steht ein alter Sandsteinbrunnen, an dem ein Froschkönig sitzt. So manche junge Dame versuchte schon vergeblich, durch den Kuss dieses Sandsteinfrosches einen Märchenprinzen zum Leben zu erwecken. Der Frosch ist Ausgangspunkt zweier Wege: des rund sechs Kilometer langen Gebrüder-Grimm-Märchenwegs und des rund 14 Kilometer langen Dornröschenwegs mit mittlerem Schwierigkeitsgrad. Die zweite Station beider Wege widmet sich dem Dornröschen. Auch sie liegt mitten im Dorf, umgeben von einem kleinen Park, der zum Verweilen einlädt. An weiteren Stationen entdeckt man Schneewittchen, Rapunzel, den Goldesel, das Sterntaler-Mädchen sowie Hänsel und Gretel. Der einfacher begehbare Märchenweg bietet mit dem Stäffelsbergturm einen nahen Aussichtspunkt, der einer roten Rose folgende Dornröschenweg endet an der Burgruine Guttenberg mit herrlicher Aussicht.

TIPP

Einkehren in der Weinstube unter den Linden mit Biergarten und leckerem Essen.

- Wehrkirche, Hauptstraße 36, 76889 Dörrenbach, www.doerrenbach.de
- ÖPNV: ab Bad Bergzabern Bus 543, Haltestelle Dörrenbach, Ort

1977
Zum Wachthäusel
Übergasse

Auf Trapp

6 Burg Berwartstein

Die Burg gilt als eine der schönsten in ganz Deutschland. Rund zwölf Kilometer hinter Bad Bergzabern liegt sie bei Erlenbach. Auf der Felsenburg hauste um 1480 der legendäre Hans Trapp oder Hans von Trotha, wie der kurpfälzische Marschall hieß. Bis heute wird sein Name in der Südpfalz und im Elsass verwendet, um Kinder zu erschrecken und auf Trab zu bringen. Einem Blitzschlag zum Opfer gefallen, lag die Burg 300 Jahre im Dornröschenschlaf, bis sie 1890 wieder ausgebaut wurde. Einst galt sie als uneinnehmbar. Das lag an einer geologischen Besonderheit, die den Ort unvergleichbar macht. Wie andere Burgen liegt sie auf einem Sandsteinfelsen, dem Überbleibsel eines Urzeitmeers. Das Besondere ist aber dessen Kern. Rund 20 Meter ragt im Inneren eine Sandstein-Naturröhre in die Höhe. Dieser natürliche Aufstiegskamin war lange Zeit die einzige Möglichkeit, in die Burg zu gelangen. Auch die Oberburg erweist sich als ein komplexes Höhlensystem. Vom großen Rittersaal aus führt ein Sandsteinschacht zur darüberliegenden Küche. So war das Können der Baumeister gefragt, die Burganlage mit den Felstunneln zu verbinden. Deren Kunst zeigt sich aber auch am Burgbrunnen. Bei Führungen wird eindrucksvoll durch Hinunterschütten von Wasser demonstriert, wie tief 100 Meter sein können. Durch die Wasserversorgung war die Burg sicher vor Belagerungen. Wer heute den Komplex besucht, muss sich nicht mehr durch die Sandsteinröhre hinaufquälen. In geführten Kleingruppen wird man über die vielen Stockwerke nach oben gebracht, wo ein wunderbarer Ausblick von der obersten Burgterrasse wartet. Anschaulich wird hier das Leben der Rittersleute in Kammern und Stuben präsentiert, wie auch deren Rüstungen, Waffen, Katapulte und Geschütze. Selbst eine Folterkammer steht noch bereit. Anschließend lohnt sich ein Spaziergang rund um die Burg, besonders durch die Streuobstwiesen, die einen herrlichen Blick auf das Gemäuer bieten. Schließlich lädt ein nahegelegener Waldsee im Sommer zum Baden ein.

- Burg Berwartstein, 76891 Erlenbach, Tel. (0 63 98) 2 10, www.burgberwartstein.de
- ÖPNV: ab Bf Bad Bergzabern, Bus 545, Haltestelle Erlenbach (Dahn), Fußweg ca. 15 Minuten

Kneipps Geheimtipp

7 Wasserorte in Bad Bergzabern

Wasser heilt und sein Plätschern beruhigt. Besonders in Bad Bergzabern, auf Pfälzisch Berchzawwre, spürt man die entspannte Gelassenheit der Südpfälzer. Dass der berühmte Wasser-Pfarrer Sebastian Kneipp persönlich anno 1896 zu einem Vortrag über die Heilkraft kalten Wassers in der heutigen Kurstadt war, macht die Bergzaberner stolz. Wasser haben sie hier im Überfluss, sei es als Grundwasser oder aus dem Erlenbach, in dessen Tal die Stadt liegt. So wurde hier der erste Kneipp-Lehrpfad Deutschlands errichtet. Auf rund fünf Kilometern verdeutlicht er das Kneipp-Motto: „Alles was wir brauchen, um gesund zu bleiben, hat uns die Natur geschenkt."

Der Start ist am Eingang des Kurparks. Dort stehen fünf Säulen, die die Prinzipien einer Kneipp-Kur vermitteln. Wasser, Pflanzen, Ernährung, Bewegung und Lebensgestaltung gehören demnach eng zusammen. Dass zur Lebensgestaltung in der Pfalz auch der Wein gehört, demonstriert der Amberger Brunnen in der Mitte des Platzes. Ab dem neu angelegten Kurpark führt der Weg zum Kräutergarten, der Einblicke in die Heilkraft gibt, die man über die Nahrung zu sich nehmen kann. An einer Wassertrete wird erläutert, wie man richtig kneippt: im Storchengang je nur ein Bein im Wasser und die Arme nur 15 Sekunden untergetaucht. Der Kneipp-Weg führt nun weiter und bietet auf der Strecke viele Bewegungsimpulse: Stretching, Sprungbalken und eine Wanderung vorbei an Streuobstwiesen und Weinbergen mit einem schönen Ausblick über die Stadt. Der Lehrpfad endet an der Marktkirche, denn zur gesunden Lebensgestaltung gehören nach Pfarrer Kneipp auch Meditation und Besinnung. Die bietet hinter der Marktkirche ein letzter Wasserort: der Weinbrunnen von Gernot Rumpf. Der zeigt nämlich, wie es einem ergeht, der das Wasser meidet und zu viel Wein trinkt: Bei einem Krug sei man zahm wie ein Lamm, bei zwei werde man lustig wie ein Affe, bei drei fühle man sich stark wie ein Löwe und brülle daher. Wer vier Krüge Wein trinkt, könne nur noch grunzen wie ein Schwein.

TIPP

Die Südpfalztherme im Kurpark bietet ein Thermalbad und eine Saunalandschaft.

- Kurpark, Kurtalstraße 27, 76887 Bad Bergzabern
  badbergzabernerland.suedlicheweinstraße.de
- ÖPNV: ab Bf Bad Bergzabern Bus 545, Haltestelle Thermalbad

Heilkräuter
Wasserheilkunde
Bewegung

Graswurzeldemokratisch

8

Rund ums Schloss Bad Bergzabern

Die Stadt wirkt nicht gerade wie ein Hotspot. Und dennoch wurde hier rund ums Schloss Bad Bergzabern Geschichte geschrieben. Seit 1410 gehörte die Stadt zum Herzogtum Pfalz-Zweibrücken. Das vierflügelige imposante Renaissance-Schloss mit zwei mächtigen Seitentürmen ersetzte ein Wasserschloss, das rebellierende Bauern 1525 zerstörten. Es ist heute Wahrzeichen der Stadt und Sitz der Verbandsgemeinde. Nur wenig erinnert an die historische Stunde, als hier 1792 die Bergzaberner Republik ausgerufen wurde. Das war die allererste auf deutschem Boden, auch wenn die heutige Landeshauptstadt Mainz den Titel der ersten Republik gerne für sich beansprucht. Hintergrund war die Revolution im nahen Frankreich. Auch die Bergzaberner wollten die Errungenschaften von Freiheit, Gleichheit und Brüderlichkeit für sich reklamieren. So schrieben sie ihrem Herzog einen Abschiedsbrief und beantragten die Aufnahme in die Republik Frankreich. Französische Revolutionstruppen wurden vor dem Schloss freudig begrüßt, doch die Bürokraten in Paris ließen sich Zeit. Frankreichs Gegner waren indessen aktiv geworden. So machten preußische und österreichische Truppen dem Spuk bereits ein Jahr darauf ein Ende, bis Frankreich sich wenig später Bergzabern doch einverleibte. Der Freiheitsgeist der Bergzaberner blieb auch in späterer Zeit lebendig.

TIPP

Bücher über die Weinstraße erhält man im originellen Buchladen „Spiel und Spaß".

Den Ausblick auf das Schloss genießt man am besten vom Außenrestaurant des links danebenstehenden noblen Schlosshotels, einem ehemaligen Gästehaus der Zweibrücker Fürsten. Beim Schlendern durch die historische Altstadt entdeckt man Reste der alten Stadtmauer und kann die Marktkirche mit Wandmalereien aus dem 14. Jahrhundert erkunden. Oder man besucht das Renaissance-Haus „Zum Engel", einst ein Amtssitz, in dem heute das Heimatmuseum untergebracht ist. Hier erfährt man mehr über Geschichten, die die Bergzaberner schrieben. Einkehren kann man im Café Kaffeefleck mit eigener Rösterei oder im Restaurant Villa Tabernus.

- Schloss Bad Bergzabern, Königstraße 61, 76887 Bad Bergzabern
  badbergzabernerland.suedlicheweinstrasse.de
- ÖPNV: Bf Bad Bergzabern, Fußweg 5 Minuten

Klösterlicher Genuss

9 Kloster und Keysermühle in Klingenmünster

Liegt hier nun die älteste Klosteranlage Deutschlands oder nicht? Besuchern dürfte der Gelehrtenstreit egal sein, denn in Klingenmünster lockt Besinnliches und Genussreiches auf dem Areal des um 626 erbauten ehemaligen Benediktinerklosters. Dessen Blütezeit war vom 9. bis 13. Jahrhundert. Bereits vor der Reformation wurde es aufgehoben, weil die Mönche offenbar zu sehr den weltlichen Genüssen verfallen waren. Die riesige, einst mauerumzäunte Anlage wurde in Jahrzehnten liebevoller Feinarbeit wieder hergerichtet und der Öffentlichkeit zugänglich gemacht. Der ortsansässige Förderkreis kümmerte sich um die Restaurierung des klösterlichen Hauptgebäudes und der Kirche der ehemaligen Abtei. Die Sicht auf das Bauwerk über einen offen zugänglichen Kräutergarten, der typische Heil- und Nutzkräuter des Klosterlebens präsentiert, bietet den schönsten Blick. Eine gotische Fensterarkade aus dem 12. Jahrhundert wurde dort dem Kapitelsaal, also dem Versammlungsraum der Mönche, vorgebaut. Die zerfallene romanische Klosterkirche errichtete man 1738 als Sankt Michaelskirche im Barockstil neu. Auch sie lag einst innerhalb der Klostermauern.

Ein weiteres Klostergebäude, die ehemalige Klostermühle am Klingbach, mauserte sich zu einem der wichtigsten Orte für die, die heute Besinnung mit Genuss verbinden. Das Stiftsgut Keysermühle ist heute durch eine Straße von den Klostergebäuden getrennt. Sie gehört mit Naturhotel und Gastronomie der Bürgerstiftung Pfalz, die sich der Nachhaltigkeit verschrieben hat. Der Besuch auf der Parkterrasse „Freiraum“ mit hochwertigen Speisen aus der Region in Bio-Qualität und dem Angebot eines Slowfood-Dinners lohnt sich besonders. Der Park hinter der Keysermühle bietet Blühwiesen mit Hummeln und Bienen, knorrigen Apfelbäumen und rund 100 Würz-, Duft- und Heilkräutern. Sein Gleichgewicht kann man im Niedrigseilgarten trainieren. Schließlich gibt es romantische Sitzgelegenheiten am Bach mit Feuerstelle sowie ein Blumen- und Kräuterlabyrinth mit der historischen Klostermauer im Hintergrund.

- Kloster Klingenmünster, Weinstraße 40, 76889 Klingenmünster, Tel. (0 63 49) 16 77, www.klosterklingenmünster.de; Stiftsgut Keysermühle, Bahnhofstraße 1, 76889 Klingenmünster, Tel. (0 63 49) 9 93 90, www.hotel-restaurant-stiftsgut-keysermuehle.de
- ÖPNV: ab Bf Landau Bus 540, Haltestelle Klingenmünster, Rathaus

Tierische Begegnungen

10 Wild- und Wanderpark Silz

Die Deutsche Weinstraße verläuft entlang des Biosphärenreservats Pfälzerwald, dem größten zusammenhängenden Waldgebiet der Republik. Gleich zwei sehenswerte Naturparks liegen nur wenige Kilometer vom Rebenmeer entfernt mitten im Wald, der eine in Silz an der Südlichen Weinstraße und der andere, der Kurpfalzpark, nahe Wachenheim in der nördlichen Hälfte. Sie bieten unvergessliche und teils hautnahe tierische Begegnungen mit den Bewohnern des Pfälzerwaldes.

Der Wildpark Silz bei Klingenmünster ist ein besonderer Glücksort, gerade weil er sich auf das Naturerlebnis selbst konzentriert. Der an der L 493 gelegene Park ist rund 100 Hektar groß. Etwa 400 europäische Tierarten sind hier teils zum Anfassen erlebbar. Eine kleine Runde, für die etwa eine Stunde Spaziergang selbst mit Kinderwagen gerechnet wird, beginnt mit einem Streichelzoo mit Minipferden sowie mit Hasen, Schafen und Ziegen, die gerne gefüttert werden. Hier erwartet den Besucher außerdem noch eine Hauptattraktion: der inzwischen im Pfälzerwald wieder gesichtete Wolf. Von einem Aussichtsturm kann sein Gehege beobachtet werden. Gleich daneben leben kleinere Raubtiere, die Frettchen. Es folgen Wisente und Pferde, Uhus und Steinkauze. Dann öffnet sich der Blick auf ein Freigehege mit dem neugierigen Damwild, das gerne Besucher beschnuppert und sich manchmal sogar streicheln lässt. Die kurze Runde führt dann innerhalb des Freigeheges zurück und passiert Wildschweine, die sich genüsslich im Schlamm suhlen.

Die lange Runde, die etwa zwei Stunden Spaziergang in Anspruch nimmt, führt weiter durch ein Schutztor zur Station „Ein Baum erzählt“. Nach einem weiteren Tor erreicht man ein Freigehege, wo man auf Tuchfühlung mit Rotwild und Mufflons gehen kann. Hier gibt es auch Informationen über Pilze sowie einen Picknickplatz. Nach weiteren Schutztoren kreuzen sich die Rundwege und man erreicht den Abenteuerspielplatz mit Riesenrutsche sowie eine Gaststätte mit Außenterrasse, um sich zu stärken. Bei Vorbuchung kann man den Tag in der Grillhütte ausklingen lassen.

- Wild- und Wanderpark Silz, Hauptstraße, 76857 Silz, Tel. (0 63 46) 55 88, https://wildpark-silz.de
- ÖPNV: ab Bf Landau oder Bf Annweiler Bus 531, Haltestelle Silz, Wildpark

Ritterlich schmausen

11 Burg Landeck bei Klingenmünster

Wer gerne recht gewandet in die Zeit der Ritter eintaucht, ist auf der Reichsburg Landeck bei Klingenmünster genau richtig. Sie bietet die Kulisse für alle, die Ritterluft schnuppern und dabei auch burgherrlich gut schmausen wollen. Die Landeck gehört zu einer Burgkette, die unter den Salier-Kaisern aus Speyer vor rund 800 Jahren errichtet wurde. Ihre Aufgabe war der Schutz des für die Region bedeutenden Klosters Klingenmünster. Hinauf geht es über einen Zufahrtsweg, der für größere Fahrzeuge nicht geeignet ist. Zu Fuß braucht man ab der Klinik Klingenmünster etwa 20 Minuten. Auf dem Weg muss auch ein Burggraben mit einer Holzbrücke überquert werden. Der Blick in den Graben lässt erahnen, welche Hindernisse Belagerer zu überwinden hatten. Auf einer vorgelagerten Bastion steht ein Geschütz aus der Frühzeit der Kanonen. Es ist Teil eines kleinen Outdoor-Museums, das sich über die gesamte Burganlage erstreckt. Dazu gehört auch ein bewegliches Katapult an der Südseite der Burg und noch weitere Exponate. Die 25 Meter hohe Plattform des original erhaltenen Bergfrieds bietet einen herrlichen Rundumblick auf das Dorf und bei gutem Wetter bis in den Schwarzwald. Anziehungspunkt für viele ist die Burgschänke mit ihrem rustikalen Innenraum und der riesigen Terrasse im Burghof. Hier gibt es Speisen aus der Zeit der Ritter wie beispielsweise den beliebten Flammkuchen in verschiedenen Variationen, aber auch leckere Fleeschknepp, also Fleischknödel. Ein besonderer Event ist das jährliche Landeckfest im Sommer, das erstmals 1881 gefeiert wurde. Auf diesem ältesten Burgfest der Pfalz geben sich Ritter und Handwerker, Burgfräulein und Gaukler, Musikanten und Händler ein Stelldichein. Natürlich gehören dazu auch viele Aktivitäten, die Spaß für die ganze Familie versprechen: Bogenschießen, Schwertkämpfe und Feuerschlucken. Und selbst im Advent ist der Burgverein sich seiner ritterlichen Tradition bewusst. Da lädt er nämlich zum mittelalterlichen Weihnachtsmarkt ein.

TIPP

In der Nikolauskapelle des Landeckvereins werden Kulturveranstaltungen angeboten.

- Burg Landeck, 76899 Klingenmünster, www.landeck-burg.de
- ÖPNV: ab Bf Landau Bus 540, Haltestelle Klingenmünster, Pfalzklinikum, Fußweg ca. 20 Minuten

Eseleien

12 Eschbacher Esel und Madenburg

„Du Esel!" Seit Jahrhunderten ist das der Name der Eschbacher. Die dahinter stehende Geschichte: Eschbach war im Besitz der über ihr liegenden Madenburg. Die dort residierenden Rittersleute nannten sich „derer mit dem Esel" und trugen als Wappen das graue Reittier. Statt sich zu ärgern, eigneten sich die Dorfbewohner den Spitznamen Esel an und tragen ihn auch heute noch mit Stolz. Schließlich seien Esel schlaue Tiere und witterten Gefahr.

Zur 750-Jahrfeier ihrer Dorfgemeinschaft im Jahre 2004 entstand die Idee, den Ort mit kreativen Eselsfiguren in Originalgröße auszustatten. Inzwischen sind es knapp 40, alle liebevoll künstlerisch gestaltet. Sie zeigen, was den Ort ausmacht: Ein Vinolio-Esel weist auf ein Weingut hin, der Thea-Tralica-Esel auf die Theatergruppe, der Turbo-Esel auf den Motorsport-Club oder der Engel der Tiere auf ein Hundezentrum. Es gibt die Eschbacher Antwort auf die Bremer Stadtmusikanten sowie einen Skateboard-Esel. Am Rutsch-Brunnen steht ein Dädalus-Flügel-Esel und erinnert mit daran, dass die Eschbacher bei einem Unwetter anno 1843 quasi abgehoben und von der Madenburg ins Tal gerutscht sind. Am Ortseingang steht dann auch einer, der touristisch auf den Ort Eschbach hinweist und durch Bilder eine Brücke nach Berlin schlägt. Die Eschbacher sorgen sich liebevoll um ihre Esel. Im Winter werden sie mit Schals und in Pandemiezeiten mit einem Mundschutz ausgestattet.

Über die Esel hinaus locken weitere Sehenswürdigkeiten: ein spätgotischer Dorfbrunnen, viele Renaissancehäuser und eine Barockkirche mit Rokokofiguren von 1766. Rund ein Dutzend Winzer laden zum Weinverkosten ein. Und wenn man schon mal da ist, lohnt sich der Weg hinauf auf den 476 Meter hohen Rotenberg zur Ruine der Madenburg, eine der mächtigsten Burganlagen der Pfalz. Auf der ehemaligen Reichsburg aus dem 11. Jahrhundert werden in der Burgschänke Wanderer oder Radler mit einer wundervollen Aussicht in den Pfälzerwald, über die Südliche Weinstraße und auf das Dorf Eschbach belohnt.

- Eschbacher Esel mit Rutsch-Brunnen, Weinstraße 64, 76861 Eschbach
  eschbach-pfalz.de
- ÖPNV: ab Bf Landau Bus 531, Eschbach, Ortsmitte

Künstlerparadiesisch

13 Keramikatelier Zinkgraf in Leinsweiler

Künstler fühlen sich in Leinsweiler anscheinend wohl. Wer die wundervolle Panoramaansicht genießt, beispielsweise vom Genusstempel Leinsweilerer Hof aus, der erkennt über dem Ort den Slevogthof. Das Herrenhaus, das nahe der Burg Neukastel liegt, stammt aus dem 19. Jahrhundert und gehörte einst Max Slevogt. Als einer der bedeutendsten Freilicht-Landschaftsmaler des deutschen Impressionismus hat er den Blick auf Leinsweiler vielfach verewigt.

Malerisch ist aber nicht nur die Ansicht von Weitem, sondern auch die Weinstraße im Ort mit dem alten Rathaus von 1619 und der Sandstein-Brunnenanlage aus dem Jahr 1581. Gleich am ersten Haus der Weinstraße wird deutlich, dass Leinsweiler auch aktuell eine erste Adresse für Kunst ist. Hier lebt und arbeitet die rege Keramikerin und Künstlerin Ingrid Zinkgraf. Nach handwerklicher Grundausbildung in einer Töpferei ist sie vielfältig kreativ – ob an der Töpferscheibe oder mit dem Malerpinsel. Die Inspiration für ihr Schaffen holt sie sich nicht nur aus der Region. So gilt sie an der Deutschen Weinstraße als die Spezialistin für Raku, eine japanische Brenntechnik aus dem 16. Jahrhundert, die für die dort hoch angesehene Tee-Zeremonie entwickelt wurde. Spannend an der Keramik sind die reduzierten Formen und die einzigartigen und unvorhersehbaren Farbeffekte. Kein Stück gleicht dem anderen. „Gebrauchskeramik" nennt sie einen Teil ihrer facettenreichen Kunst – fast eine Untertreibung für diese hohe Form der Tischkultur. Längst haben Spitzenrestaurants und Sterneköche wie Benjamin Peifer ihre Keramik für sich entdeckt, denn Spitzenkochkunst setzt auch auf ansprechendes Ambiente.

Eines verbindet jedoch Ingrid Zinkgraf mit Max Slevogt: Beiden haben es die Elwetritsche angetan. Während von Max Slevogt die älteste Zeichnung dieses Pfälzer Fabelwesens stammt, prägt Ingrid Zinkgraf seit vielen Jahren deren Bild durch ihre kunstvollen Kleinskulpturen, die tausendfach nicht nur in pfälzischen Wohnstuben zu finden sind.

TIPP

Im Zehntkeller in der Weinstraße kann man sich im historischen Ambiente kulinarisch verwöhnen lassen.

- Keramikatelier Zinkgraf, Weinstraße 1, 76829 Leinsweiler, Tel. (0 63 45) 94 21 43 www.keramikatelier-zinkgraf.de
- ÖPNV: ab Bf Landau Bus 530, Haltestelle Leinsweiler, Ort

Berg aus Muscheln

14 Die Kleine Kalmit bei Ilbesheim

Die nur 270 Meter hohe Kleine Kalmit über Ilbesheim bei Landau hat es in sich. Das Naturreservat mit seltenen Tieren und Pflanzen ist ein Ort mit langer Geschichte und einem der schönsten Aussichtspunkte auf die rund vier Kilometer entfernten grünen Berge des Pfälzerwaldes. Die Erhebung hat es aber auch wirklich in sich, denn sie besteht vor allem aus Muschelkalk. Die Muscheln sind Überbleibsel des Meeres, das einst im Oberrhein lag und dessen Wellen die nahen Sandsteinfelsen formten. Dass darin auch Haifische lebten, das zeigen Zähne, die auf der Erhebung gefunden wurden. Der Kalk wird schon seit der Steinzeit als nützlicher Stoff abgebaut. Doch ihre Bedeutung für die gesamte Region erlangte die Kleine Kalmit durch den Anbau von Safran, damals wie heute das teuerste Gewürz der Welt. Das historische Kaufhaus am Landauer Rathausplatz verfügte bereits vor 500 Jahren über eine spezielle Waage für die feinen Safranfäden.

Wer den Hügel besteigt, tut dies vor allem wegen der grandiosen Aussicht. Der Weg bergauf beginnt am 1558 erbauten Renaissance-Rathaus von Ilbesheim. Rund drei Kilometer geht es für Radler die Affenschaukel hinauf, wie die Strecke genannt wird. Affen, das ist der Spitzname für die Ilbesheimer. Mit Stolz nennen sie sich inzwischen selbst so und fühlen sich dabei affenschlau und relaxt zugleich. Im Naturschutzgebiet rund um den Kalmitwingert können seltene Pflanzen sowie eine Vielzahl von Schmetterlings- und Spinnenarten beobachtet werden. Oben liegt eine kleine Kapelle, die zum Trost für Arme errichtet wurde. Sie ist benannt nach der schmerzensreichen Mutter Maria, Mater Dolorosa. Holzbänke mit Tischen rund um die Kleine Kalmit laden ein, die abwechslungsreiche Landschaft aus unterschiedlichen Perspektiven zu bestaunen – an einem der beliebtesten Picknickplätze an der Deutschen Weinstraße. Da hier der Aufgang der Sonne wie auch deren Untergang die Landschaft in abwechslungsreiche Farben taucht, lohnt der Weg auch mehrfach, egal zu welcher Tageszeit.

TIPP

Ende Juli beim Kalmitfest lernt man die Gastfreundschaft der Ilbesheimer schätzen.

- Kleine Kalmit, 67294 Ilbesheim
- ÖPNV: ab Bf Landau Bus 531, Haltestelle Ilbesheim, Schule, ab Rathaus zu Fuß über den Kalmitweg ca. 20 Minuten

Blütenreicher Dunst

15 Der Tabakweg von Herxheim nach Hatzenbühl

Rauchen gefährdet die Gesundheit, klar! Doch der Anblick der blühenden Tabakpflanzenfelder im Frühjahr ist etwas Besonderes. Genau wie die Tabakkultur, die in Deutschland ihre Wurzeln in der Südpfalz unweit der Deutschen Weinstraße hat. Das Museum in Herxheim, das in der Abteilung Kulturgeschichte in Geräte einführt, die zur Tabakherstellung genutzt wurden, kann Ausgangs- oder Endpunkt des Erkundungsweges nach Hatzenbühl sein. Dazwischen liegt die älteste Tabakanbaufläche Deutschlands. Anno 1573 baute Pfarrer Anselm Anselmann in seinem Hatzenbühler Pfarrgarten zum ersten Mal in Deutschland Tabakpflanzen aus der Neuen Welt an. Damit hatten die armen Herxheimer und Hatzenbühler, die in Blickweite der fetten Lehmböden der Weinstraße mit ihren kargen Sandböden auskommen mussten, endlich ein Kraut entdeckt, das ihr Auskommen sicherte. Denn für den Tabakanbau war das heiße Klima der Südpfalz ideal. Als dann die Welt Tabak in Pfeifen, als Zigarren und schließlich als Zigaretten konsumierte, waren die Bauern der Region vorbereitet. Heute feiert das größte deutsche Anbaugebiet für Tabak statt Wein sein geliebtes Kraut und so wird in Hatzenbühl keine Wein-, sondern eine Tabakkönigin gekrönt.

TIPP

Das Museum Herxheim bietet eine eindrucksvolle Ausstellung über Herxi und die Jungsteinzeit.

Rund um Herxheim und Hatzenbühl stehen heute noch die großen grünen Blätter der Virginia-Tabakpflanzen auf den Feldern. Da im Mai und Juni der Tabak blüht, lohnt sich in dieser Zeit der Besuch besonders. Doch muss man sich beeilen, denn mitten im schönsten Rosa oder Weiß werden die Blüten entfernt. Eine Pflanze produziert rund 16 Blätter, die mit der Nadel an einer Tabakschnur, Bandelier genannt, aufgefädelt werden. In luftdurchlässigen Holzschuppen, die in den Orten zu sehen sind, werden die Blätter zum Trocknen aufgehängt, bis sie eine volle Braunfärbung haben. Am Ende des Weges in Hatzenbühl gibt es Informationstafeln, die über die Pflanze und die Anbautradition informieren. Auch für Nichtraucher sind dies spannende Einblicke in den Jahreszyklus des Tabaks, die Ernte und das Verarbeiten der wunderschönen Pflanze.

- Tabakweg, ab Museum Herxheim, Untere Hauptstraße 153, 76863 Herxheim bei Landau
- ÖPNV: ab Bf Landau Bus 555, Haltestelle Herxheim, Museum

Burgdreifaltigkeit

16

Rund um den Trifels

Hier war einst das Zentrum deutscher Glückseligkeit – und ist es noch für Wandersleute und Geschichtsbegeisterte. Der Trifels ist eines der meistbesuchten Ziele entlang der Deutschen Weinstraße. Von weither sichtbar in herrlicher Kulisse liegend, war die einst uneinnehmbare Festung zwischen 1088 und 1330 ein Machtzentrum im Reich der Deutschen. Sie beherbergte dessen wichtigste Symbole: die Reichskleinodien Krone, Zepter, Schwert und Reichsapfel. Originalgetreue Nachbildungen findet man in der Schatzkammer des Trifels.
Zur Burg geht es mit dem Auto oder mit dem Bus bis zum Parkplatz unterhalb des Festungsfelsens, mit Kiosk und Gastwirtschaft. Besonders lohnenswert ist aber eine Rundwanderung auf dem rund sieben Kilometer langen Annweilerer Burgenweg. Der führt ab dem Bahnhof Annweiler auf drei Bergkuppen mit Felsenburgen, auf denen die Reste der Burg Anebos, der Burg Scharfenberg, auch Münz genannt, sowie der Trifels mit wunderbarer Aussicht locken. Nach rund fünf Kilometern wird die ehemalige Reichsburg erreicht. Über einen Waldweg und über Treppen geht es dort hoch zur Festung, die nicht originalgetreu wieder aufgebaut wurde. Dass sie Fantasien jüngerer Zeit spiegelt, wird gleich im großen Kaisersaal deutlich. So großspurig baute im Mittelalter keiner, doch die Fenstersimse lohnen allein wegen der Aussicht. Vor allem Details im Außengelände sind spannend. Originale Brunnentröge und Treppen aus der Zeit vor 1000 Jahren sind noch da. Schließlich fasziniert oben der Blick auf den nachgebauten Palas, den Wohnturm, wie auch die Aussicht ins Queichtal, die Rheinebene und über den Pfälzerwald. Ob hier der englische König Richard Löwenherz tatsächlich im Kerker saß und auf Lösegeld aus England warten musste? Legenden wie die von Robin Hood erzählen dies. Die Einwohner der Stadt Annweiler zu Füßen des Trifels glauben daran und feiern jährlich im Sommer das Richard-Löwenherz-Fest mit Mittelaltermarkt – ein Spektakel mit vielen Gewandeten, Gauklern und Neugierigen.

TIPP

Die Felswand des Sandstein-Burgfelsens ist ein beliebtes Ziel für Kletterer.

- Reichsburg Trifels, 76829 Annweiler am Trifels, Tel. (0 63 46) 84 70 www.burgenlandschaft-pfalz.de/de/reichsburg-trifels/
- ÖPNV: ab Bf Annweiler Bus 527, Haltestelle Burg Trifels, Fußweg ca. 10 Minuten

Stachelige Leckereien

17 Esskastanien in Annweiler

Esskastanien, auf Pfälzisch Keschde, sind wie Wein, Mandeln und Feigen ein Geschenk der Römer an die sonnenverwöhnte Region. Bereits im Juni duften die Esskastanienbäume und leuchten mit ihren gelben Blütenständen aus dem Grün des Pfälzerwaldes heraus. Die grünen Igel in den Bäumen ändern über den Sommer ihre Farbe ins Braune. Wenn sie ihren Fruchtbecher öffnen, ist es Zeit für die Ernte und das Feiern. Legendär ist das Keschdefest in Annweiler. Die kleinste der früheren Reichsstädte hat aber auch ganzjährig viel zu bieten, denn sie liegt im Tal der Queich und im Schatten des Trifels. Das Gerberviertel mit dem Fachwerkhausmuseum, der romantische Schipka-Pass mit dem Mühlrad sowie Wasseroasen laden zum Verweilen ein. Doch in der Zeit der Esskastanienernte wandelt sich die beschauliche Kleinstadt zum Hotspot für Keschde mit Festmeile. Statt einer Weinkönigin krönt man hier im Beisein vieler Hoheiten aus der Region die neue Kastanienprinzessin des Trifelslandes. Wissensdurstige erhalten durch das Forstamt Informationen über den Kastanienbaum und Gästeführer laden zur Esskastanienwanderung ein. Schließlich liegt Annweiler am Pfälzer Keschdeweg, einem rund 65 Kilometer langen Wanderweg durch den größten Esskastanienwald Deutschlands. Der führt von Neustadt aus am Waldrand entlang nach Annweiler und weiter nach Hauenstein.

Rezeptbücher klären auf, was alles aus Esskastanien zubereitet werden kann und natürlich kann das meiste gleich vor Ort verkostet werden. Zu dem, was viele Gaststätten, Bäckereien und Läden in Annweiler und der Region auch ganzjährig anbieten, gehören das leckere Keschdebrot, als Brotaufstrich Kastanienhonig, Creme und Marmelade sowie Keschdegebäck. Es gibt Bier, Schnaps und Likör aus Esskastanien, den Essig Castanea sowie Keschdeschokolade und Pralinen. Wer es deftig mag, schlürft eine Keschdesuppe oder kann zwischen Fleischkäse, Pastete, Bratwurst, Braten und dem beliebten Saumagen wählen, natürlich gefüllt mit den leckeren Nussfrüchten.

- Büro für Tourismus, Meßplatz 1, 76855 Annweiler, Tel. (0 63 46) 22 00 www.trifelsland.de
- ÖPNV: Bf Annweiler

Den Trauben nach

18 Wanderparadies Deutsche Weinstraße

Kaum eine Region bietet so abwechslungsreiche Prädikatswanderwege. Der leichtere Wanderweg Deutsche Weinstraße ist erkennbar am grün-weißen Schild mit Trauben, während der Pfälzer Weinsteig mit dem rot-weißen Traubenschild und Welle für Geübtere gedacht ist. Ein wunderbares Teilstück des Ersteren führt rund 19 Kilometer von Birkweiler nach Bad Bergzabern. Vom Bahnhof Siebeldingen-Birkweiler aus geht es vorbei an einem in Stein gemeißelten Korbträger, der zeigt, wie früher Trauben transportiert wurden. Über einem Hügel liegt Ranschbach, wo man sich am Bio-Weingut Franz Braun mit frischem Obst versorgen kann. Hier könnte man im Zirkuswagen übernachten. In Leinsweiler lädt der Steinbrunnen an der Weinstraße zur Rast ein, und oben vom Leinsweilerer Hof aus genießen wir die Aussicht auf den Ort. Eine Hügelkuppe weiter folgt Eschbach mit Blick auf die Madenburg. Dann führt der Wanderweg nach Klingenmünster, wo auf Höhe der Klinik der Ausblick zurück fasziniert. Vor der nächsten Etappe in Gleiszellen hat man einen herrlichen Blick auf die Burg Landeck. Vorbei an Gleishorbach und an Pleisweiler-Oberhofen endet der Weg in Bad Bergzabern.
Wer die Strecke auf dem anspruchsvolleren Pfälzer Weinsteig erwandert, wird ab Annweiler über die Höhenburgen Trifels und Madenburg und damit über wunderbare Aussichtsfelsen und oft durch den Pfälzerwald gelenkt. Während der Pfälzer Weinsteig auf rund 180 Kilometern in elf Tagesetappen von Bockenheim nach Schweigen führt, sind es beim Wanderweg Pfälzer Weinstraße nur fünf Etappen von 13 bis 23 Kilometern mitten durch die hügeligen Weinberge. Da diese Strecken mit dem ÖPNV erreichbar sind, kann man in Landau, Neustadt oder Bad Dürkheim übernachten. Egal, welchen der beiden Wege man wählt, die Pfade mit Weitblick bieten viel: sonnendurchflutete Weinberge, im Frühjahr rosarot strahlende Mandelbäume und im Herbst Esskastanien. Es gibt Burgen und Aussichtstürme, Weinorte und Hütten des Pfälzerwaldvereins, die eine Wanderung mit Genussfaktor versprechen.

- Wanderweg Deutsche Weinstraße
www.deutsche-weinstrasse.de/wanderweg-deutsche-weinstrasse/
- ÖPNV: Bf Siebeldingen-Birkweiler, zurück ab Bf Bad Bergzabern

Sinnenfroh

19 Rund um die Landavia in Landau

Sie ist ein passendes Symbol der Pfälzer Sinnenfreude. Die Landavia in der Stadthausgasse mitten in Landau stellt eine füllige Dame dar. Lustvoll tanzend hält sie zwei Weintrauben unter ihren nackten Busen. „Wir wollen sinnenfroh das Leben genießen", so die Aussage der Landauer, die diese Figur bei dem Bildhauer Martin Mayer in Auftrag gegeben hatten. Als der TV-Entertainer Harald Schmidt in den 1990er-Jahren den Ausdruck „Dicke Kinder von Landau" prägte, stand die Landavia bereits. Noch heute tourt eine beliebte Landauer Musik-Band selbstbewusst als „Dicke Kinder" über die Dörfer und Weinfeste. Die Sinnen-Genuss-Tour à la Landavia beginnt gleich neben der Figur im Stern'l Depot Wein und Fein. Präsentiert in einem ansprechenden Ambiente, gibt es dort Weine aus der Region und aus der weiten Welt. Die Außengastronomie bietet Genuss und den besten Blick auf das Denkmal der Sinnenfreude. Der Biegung der Stadthausgasse folgend, erreicht man die Marktstraße. Dort kann man sich im La Parisienne oder im Café am Markt mit feinster Backware versorgen. Wer süße Edel-Leckereien mag, wird etwas weiter in der Marktstraße im stilvollen Café Parezzo fündig. Die Slowfood-Confiserie bietet hochwertige Kuchenkreationen und Schokoladen sowie selbst geröstete Kaffeesorten von hoher Qualität. Oel de Vie, Öl des Lebens, so heißt die nächste Genuss-Station in der Marktstraße. Das mediterran eingerichtete kleine Restaurant hat leckere Snacks und ausgewählte Weine im Angebot. Wer Antipasti, Schinken, Salami oder Käse liebt, serviert mit gegrilltem warmem Brot, kommt hier nicht mehr so schnell weg. Für den großen Hunger oder einfach nur zum Ausspannen mit Blick auf den belebten Rathausplatz geht es zum Restaurant Luitpold. Das findet sich neben dem mittelalterlichen Alten Kaufhaus, einst Umschlagplatz für Safran, der auf der Kleinen Kalmit angebaut wurde. An Markttagen tanzt hier der Bär mit allen Leckereien, die die Südpfalz zu bieten hat. Ein Streifzug über den Markt ist daher ein lohnender Abschluss der Genusstour rund um die Landavia.

- Landavia, Stadthausgasse, 76829 Landau
- ÖPNV: ab Bf Landau Bus 500, 501, 535 und 537, Haltestelle Rote Kaserne

Meditatives Krafttanken

20 Kreuzgang und Stiftskirche in Landau

Landau ist die größte Stadt an der Deutschen Weinstraße. Daher vermutet man hier ein hektisches Treiben. Doch gibt es dort zwei seit Jahrhunderten bewährte Entspannungsorte für die Seele. Nach dem Einkaufstrubel oder in der Mittagspause genießen manche Landauer die Ruhe im wunderschön angelegten 700 Jahre alten Kreuzgang des Augustinerklosters im Osten der Altstadt. Einst von Klostergebäuden umschlossen, ist er heute für Besucher offen, mit Bänken zum Verweilen. Mönche sind heute keine mehr da und auch der Kreuzgang und die Kirche wurden in Kriegen zerstört. Doch die Landauer hatten die meditative Kraft dieses Ortes erkannt und bauten ihn originalgetreu mit dem alten Material wieder auf. So können sie heute den am besten erhaltenen Kreuzgang der Pfalz nutzen. Arkaden mit Spitzbögen aus der gotischen Gründungszeit vor über 600 Jahren sind zu sehen. In der Mitte plätschert beruhigend Wasser aus einem alten Taufstein. Rasenstücke in Form eines Wegekreuzes sowie Stauden und Buchshecken spenden Grün, bunt blühende Rosenstöcke bringen Farben ins Spiel. Ein weiterer Entspannungsort aus dem Mittelalter ist die nahe Stiftskirche. Deren markanter 52 Meter hoher Einzelturm aus rotem Sandstein prägt das Stadtbild. Die Stiftskirche überlebte einen Brand, dem die gesamte Stadt zum Opfer fiel. Sie ist heute das größte gotische Gotteshaus der Pfalz. Die moderne Luther-Figur vor der Kirche und die Erinnerung an den Landauer Reformator Johannes Bader auf dem Platz daneben zeigen, dass sie heute evangelisch ist. Bader schuf das erste evangelische Glaubenslehrbuch für junge Leute. Doch das Besondere an der Kirche stammt aus der Zeit vor der Reformation. Der große gotische Kirchenraum lockt allein schon durch sein Lichtspiel und lädt zum Verweilen ein. Eine noch tiefergehende meditative Ruhe jedoch strahlt die Taufkapelle aus, einst wohl als Kapitelsaal Treffpunkt der Mönche. Mittelalterliche Wandmalereien verstärken noch die Ausstrahlung des Ortes. Hier kann man in Ruhe Kraft tanken und die Seele sich erholen lassen.

- Kreuzgang: Augustinergasse, Stiftskirche: Johannes-Bader-Platz, 76829 Landau
  www.st-augustinus-landau.de, www.stiftskirche-landau.de
- ÖPNV: ab Bf Landau Bus 500, 501, 535, 537, Haltestelle Parkhaus Zentrum

Friedensbewegt

21 Die Route Vauban in Landau

Wohl kaum einer Stadt ist der Wandel von einer Militär- zu einer friedlichen Gartenstadt so gelungen wie Landau. Letztes Beispiel ist der für die Landesgartenschau 2015 entstandene Südpark, wo ein Kasernengelände in einen Wohnpark mit Aussichtsturm und Wassergarten umgestaltet wurde. Ausgangspunkt eines Friedensweges kann das Landauer Stadtmuseum sein, das ein historisches Festungsmodell von 1740 bietet. Es zeigt das Werk des französischen Baumeisters Sébastien de Vauban, der Landau für rund 200 Jahre in eine französische Festung mit zickzackförmigen Bastionen und einem Paradeplatz mit Festungskommandantur in der Mitte verwandelte.

Mit Informationen zur Stadtgeschichte gestärkt, folgt man dem Online-Stadtplan der Route Vauban am Schwanenweiher über die Königstraße zum Deutschen Tor. „Auch einer Vielzahl (von Feinden) gewachsen“ droht darauf der grimmig Richtung Deutschland blickende französische Sonnenkönig Ludwig XIV auf Latein. Weiter geht es zum ehemaligen Fort. Das waldumsäumte Festungslabyrinth ist heute eine Oase für entspannte Spaziergänge im friedlichen Grün mit zahlreichen Rastplätzen. Aus dem angrenzenden Zoo brüllt manchmal ein sibirischer Tiger. Die Route Vauban biegt hier in die Stadt ab. Es empfiehlt sich jedoch, ab der Luitpoldstraße den Weg durch den Schiller- und Goethepark zur Lunette 41 zu nehmen, wo das Festungssystem erläutert wird. Über die Xylanderstraße geht es zum Französischen Tor und dann weiter über die Marktstraße Richtung Stadtkern. Wer möchte, kann bei der Queich alte Schleusenanlagen oder zusätzlich die Rote Kaserne sowie den Galeerenturm besichtigen. Der gehörte zur mittelalterlichen Stadtbefestigung und wurde als Gefängnis für spätere Galeerensträflinge genutzt. Abschließen kann man den Rundweg bei einem Getränk oder Essen auf dem einstigen Paradeplatz, dem heutigen Rathausplatz mit dem Reiterstandbild des bayerischen Prinzen Luitpold. Man blickt dabei auf die ehemalige Festungskommandantur, heute das europageflaggte und blumengeschmückte Rathaus.

TIPP

Besuch der Weinstube Zur Blum im Frank-Loebschen-Haus mit der Friedensakademie Rheinland-Pfalz.

- Stadtmuseum, Maximilianstraße 7, 76829 Landau, Tel. (0 63 41) 13 42 02
  www.landau.de/Tourismus-Kultur
- ÖPNV: ab Bf. Landau Fußweg ca. 5 Minuten

Adventsklappern

22 Storchen- und Krippendorf Bornheim

Bornheim bei Landau ist gleich für zweierlei berühmt. Eine ARD-Fernsehproduktion begleitete den Jungstorch Borni auf seine gefährliche Reise nach Afrika per auf dem Rücken montierter Kamera. Das hat die wertvolle Arbeit des Rheinland-Pfälzischen Storchenzentrums in Bornheim überregional bekannt gemacht. Ganzjährig kann man dort junge oder lädierte Störche in einem umzäunten Freigehege bestaunen und deren Geklapper lauschen. Auf vielen Häusern, Bäumen und Masten Bornheims finden sich Nester von rund 30 Paaren. In der Brutzeit von April bis Juni kann hier ein reges Treiben beobachtet werden. Am besten schließt man sich einer der Führungen zu den Nestern an, die in dieser Zeit angeboten werden.

Seit 2003 ist Bornheim aber auch im Advent ein beliebtes Ausflugsziel, denn dann verwandelt sich der Ort zum Krippendorf der Pfalz. Sogar auf einer Briefmarke wurde dies bereits verewigt. Mehr als 90 Krippen bauen die emsigen Bornheimer in ihren Vorgärten sowie rund um die Kirchen auf. Bis zum 6. Januar erfreuen diese Krippen große und kleine Besucher. Vor der katholischen Kirche ist, liebevoll gestaltet, auf rund zehn Quadratmetern die größte Krippenlandschaft zu sehen. Und hier entdeckt man dann auch die Verbindung zum Storchenzentrum. Auf dem Stall zu Bethlehem ist selbstverständlich ein Storchennest zu sehen, mit zwei brütenden Störchen und einem Storchenkind versteht sich. Vorgaben für den Krippenbau gibt es keine. So werden die unterschiedlichsten Materialien verwendet: Holz, Stein, Metall, Plastik, Kunstharz, Beton oder Ton. Manche erinnern an die Krippen der Welt, wenn Jesus beispielsweise als Indiokind im Futtertrog liegt, wie es in Peru üblich ist. Kinder nutzen gerne ihr eigenes Gestaltungsmaterial beim Krippenbau, also Playmobil oder Lego. Die Entdeckungsreise ins Krippendorf ist besonders am Abend ein Erlebnis. Die Krippen sind von 16 bis 22 Uhr beleuchtet. Ab 17 Uhr werden Führungen angeboten, Treffpunkt ist am historischen Wachthäusel im Ortskern.

TIPP

Das Gasthaus Lehrer Lämpel bietet Leckeres und präsentiert Figuren aus Wilhelm Buschs „Max und Moritz“.

● Rheinland-Pfälzisches Storchenzentrum, Kirchstraße 1, 76879 Bornheim
Tel. (0 63 48) 61 07 57, www.pfalzstorch.de; www.krippendorf-bornheim.de
● ÖPNV: ab Bf Landau Bus 593, Haltstelle Bornheim, Linde

Bei den Weinforschern

23 Der Geilweilerhof in Siebeldingen

Malerisch eingebettet in die hügelige Landschaft zwischen Siebeldingen und Frankweiler mit ihren Weinreben, Obst- und Mandelbäumen liegt der Geilweilerhof. Er gilt als ein Mekka der Rebenzüchtung. Neue Rebsorten sollen nicht nur qualitativ hochwertigen Wein liefern, sondern auch klimatischen Veränderungen gewachsen sein und gegen Schädlinge und Umwelteinflüsse eine natürliche Widerstandskraft entwickeln. Aus der Zucht des hier ansässigen Julius-Kühn-Instituts stammen pilzresistente Sorten mit klangvollen Namen: Villaris und Calandro, Caladaris Blanc und Caladaris Musqué, Felicia und Orion, Phoenix und Reberger, Sirius und Staufer.
Bekannt sind auch hier gezüchtete Rebsorten wie Morio-Muskat, Bacchus, Optima, Domina und der Regent. Für Interessierte wurden diese in einer Reihe an der Mauer des Geilweilerhofs angepflanzt. Sie sind Teil des rund 1,5 Kilometer langen, frei zugänglichen Weinlehrpfads. Während der Mandel- und Obstbaumblüte im Frühjahr ist der besonders sehenswert. Informationstafeln vermitteln viel Wissenswertes über den Weinbau, von den historischen Ursprüngen über die Verbreitungsgebiete und die Herkunft bis zu Rebkrankheiten. Hier erfährt man auch mehr über die denkmalgeschützte Anlage, die urkundlich erstmals 1184 erwähnt und 1925 dem Staat vermacht wurde, mit der Auflage, hier eine Rebenzuchtstation einzurichten. Inzwischen besitzt der Geilweilerhof eine der weltgrößten Rebensortensammlungen – quasi eine lebendige Genbank der Weinkultur. Die genetische Vielfalt des Weins wird hier bewahrt, erforscht und der Öffentlichkeit zugänglich gemacht. Die Forschungsergebnisse fließen auch in die Datenbanken des Fachinformationszentrums ein und stehen Weinforschern zur Verfügung. Zu den Öffnungszeiten des Besucherzentrums können die Erzeugnisse der neuen Reben natürlich auch verkostet und erworben werden. Besondere Angebote wie kulinarische Führungen ergänzen das Angebot, das für Einsteiger und Fortgeschrittene gleichermaßen spannend ist.

- Geilweilerhof, 76833 Siebeldingen, Tel. (0 63 45) 4 10
  www.julius-kuehn.de/zr/
- ÖPNV: ab Bf. Landau Bus 520, Haltestelle Siebeldingen, Waage, Fußweg ca. 10 Minuten

Im Rebellennest

24 Bauernkriegshaus Nußdorf

Nußdorf bei Landau ist ein beschaulicher Ort. Seit Römerzeiten wird hier Wein angebaut, was ein sehenswerter Viergötterstein beweist, der an einer Ecke der Nußdorfer Johannes-Kirche eingebaut ist. Ölpumpanlagen rund um den Ort erwecken dazu noch den Eindruck, dass es den Nußdorfern heute an nichts fehlt. Dass dies einmal anders war, daran erinnert das Bauernkriegshaus. Anno 1525 waren die Einwohner Nußdorfs derart unzufrieden, dass von hier der Bauernkrieg in der Pfalz seinen Anfang nahm. Auch wenn der nicht gut für die Bauern endete, erinnern die Nußdorfer doch durch eines der schönsten Fachwerkgebäude der Region stolz an ihre Ahnen. Das Haus selbst wurde um 1500 erbaut und 1671 nach Zerstörungen wiederhergestellt. Lange war es ein landwirtschaftliches Anwesen, bis es 1976 zu einem Museum und Begegnungszentrum umgebaut wurde. Beim Bauernhaus-Fest im August, aber auch ganzjährig wird durch Konzerte und Vorträge der historischen Ereignisse gedacht.

TIPP

Ein neuer Wein- und Kunstpfad lockt zu Spaziergängen zwischen Nußdorf und Landau.

Die Erinnerung an den Aufstand der Bauern in Süddeutschland steht im Zentrum der Ausstellung, die im Außen- und Innenbereich des Hauses präsentiert wird. Doch das Bauernkriegshaus ist auch eines der wenigen Museen, die die Geschichte eines typischen Winzerdorfes entlang der Deutschen Weinstraße verstehbar machen. Den Grundstock dafür legte vor 150 Jahren ein Nußdorfer Seelsorger, an den in der Pfarrer-Lehmann-Stube gedacht wird. Hier erhält man auch Tipps für einen Rundgang durch das sehenswerte Winzerdorf. Dabei landet man nach wenigen Metern am Bauernkriegsdenkmal. Die rund zwei Meter hohe Bronzefigur wurde 2002 von Peter Brauchle nach einem Entwurf von Albrecht Dürer angefertigt. Dargestellt wird ein Bauer in typischer Kleidung der Zeit mit einem Schwert im Rücken. Eine Tafel erläutert die Hintergründe des Aufstandes und zeigt den Zug des Nußdorfer Haufens. Ein Ausflug nach Nußdorf lohnt sich übrigens besonders im August. Die Nußdorfer Kerwe gilt als eines der beliebtesten Weinfeste entlang der Deutschen Weinstraße.

- Bauernkriegshaus Nußdorf, Kirchstraße 66, 76829 Landau
  www.bauernkriegshaus-nussdorf.de
- ÖPNV: ab Bf. Landau Bus 521, Haltestelle Nußdorf, Ort

Wasserspiele

25 Brunnen und Walddusche in Frankweiler

Das hoch gelegene Frankweiler bietet viel kühlendes Nass aus Wasserspeiern. Kein Dorf entlang der Deutschen Weinstraße hat mehr davon. Blickfang im Ortskern ist der Cullmann-Brunnen, der an einen Auswanderer und eine Partnerstadt in den USA erinnert. Zu Ostern wird er geschmückt und um ihn herum feiern die Frankweilerer ihre Feste. Gleich daneben liegen das Rathaus, die protestantische Sankt Georgskirche mit ihrem Turm aus dem 14. Jahrhundert sowie das alte Schulhaus. Die meisten Brunnen stehen in der angrenzenden Dorfborn- und der Richtung Wald gelegenen Bergbornstraße. Die permanent fließenden offenen Laufbrunnen werden regelmäßig abgelassen und von Algen befreit. Fast alle wurden im 19. Jahrhundert errichtet. Der Sandstein der Brunnen stammt aus dem Steinbruch über Frankweiler, den man aus der Ferne am Hang über dem Ort erkennt.

Wer die Hauptattraktion in Sachen Wasser, die historische Walddusche, erreichen will, läuft oder radelt über die Bergbornstraße Richtung Wald. An heißen Sommertagen gehört sie definitiv zu den Glücksorten entlang der Deutschen Weinstraße. Die Walddusche findet sich im Hainbachtal und gehört eigentlich zur Gemarkung Gleisweiler, liegt aber näher an Frankweiler und ist zu Fuß, mit dem Kinderwagen oder mit dem Rad von hier aus leichter erreichbar. Besuchern dürften Gemarkungsfragen egal sein. Die außergewöhnliche Konstruktion wurde 1849 aus Sandsteinquadern als Kurbadeanlage zur Kaltwasserkur für das Gleisweilerer Heilbad erbaut. Spektakulär ist die 80 Meter lange Sandstein-Rinne, die Wasser des Hainbachs zur Dusche transportiert. 1996 wurde sie wiederbelebt, mit Schutzhütte und Sitzbänken.

Nach der Erfrischung wieder zurück in Frankweiler, kann man den Wasserwalk gemütlich ausklingen lassen, beispielsweise in der Weinstube Brand, die im Guide Michelin gelistet ist, im französisch angehauchten Restaurant Robichon oder oberhalb des Steinbruchs auf der aussichtsreichen Ringelsberghütte des Pfälzerwaldvereins Frankweiler, mit herrlichem Panoramablick über die Rheinebene.

- Cullmann-Brunnen, Weinstraße 15, 76833 Frankweiler
  www.suedlicheweinstrasse.de/wandern/walddusche
- ÖPNV: ab Bf. Landau Bus 521, Haltestelle Frankweiler, Rathaus,
  Fußweg zur Walddusche ca. 15 Minuten

Tretbecken

Mediterrane Oase

26 Der Sonnentempel in Gleisweiler

Bin ich in Nizza oder in Monaco? Der Sonnentempel in der Parkanlage der Privatklinik Bad Gleisweiler, auf Pfälzisch Gleis, lässt dies vermuten. Leicht wähnt man sich in der Mittelmeerregion, allein das Meer ist durch das aus Reben ersetzt. Der Sonnentempel ist einzigartig an der Deutschen Weinstraße. Gebaut wurde er eigentlich für einen anderen Ort: um das Jahr 1780 als Gartenpavillon für ein Anwesen im damals französischen Landau, mit geheimnisvollen Symbolen der Freimaurer. Der Revolutionär Georg Friedrich Dentzel verkaufte den Pavillon an einen Bierbrauer. Dessen Sohn Ludwig Schneider wurde Arzt. Als der die Naturheilmethoden für sich entdeckte, gründete er 1844 in Gleisweiler eine Kaltwasser-, Trauben- und Molke-Kuranstalt. Schneider hatte aber auch ein Händchen für Botanik. So brachte er von Reisen nach Frankreich und Italien Pflanzen mit, die hier prächtig gediehen. Kein Wunder, denn Gleisweiler ist einer der wärmsten Flecken Deutschlands. Schneiders Erben erweiterten den Park, sodass man in der Anlage Palmen, Ginkgo, Zypressen, Zedern, Feigen, aber auch Urweltbäume wie Araukarie und Wollemia entdecken kann. Die 1880 gepflanzten Mammutbäume aus Nordamerika gehören zu den ältesten ihrer Art in Deutschland. Als Vollendung kam der Sonnentempel an seinen heutigen Platz, um auf das menschengemachte Paradies und in die Ebene blicken zu können. Da die Parkanlage heute noch zu einer Fachklinik gehört, ist ein sensibler Umgang mit dem Ort angebracht. Wer nach dem Besuch dieses Glücksortes noch in Gleisweiler verweilen möchte, besucht den kurpfälzischen Zehnthof von 1753, der als das größte in der Pfalz gebaute Pfarrhaus gilt. Er wird heute als Zentrum der Ortsgemeinde genutzt, mit separater Pfarrwohnung. Hier ist das Papiermuseum untergebracht, das eine Ausstellung über die Papierherstellung und Aktivangebote wie Papierschöpfen bietet. Am Ende kann man entspannt am plätschernden Aquarius-Dorfbrunnen im Café 's Lädl in der Badstraße einen leckeren Kuchen essen oder den Tag in einem Weingut ausklingen lassen.

- Sonnentempel, Badstraße 28, 76835 Gleisweiler, www.gleisweiler.de
- ÖPNV: ab Bf Neustadt oder Landau Buslinie 500, Haltestelle Gleisweiler, Mitte, Fußweg ca. 5 Minuten

Herrlich schlemmen

27 Pfälzische Küche in Burrweiler

Zwei historische Gaststätten in Burrweiler, auf Pfälzisch Bur, bieten ein außergewöhnliches Ambiente und zeichnen sich durch ihren kreativen Umgang mit der Pfälzer Kochtradition aus. Die Winzergaststätte „Grafen von der Leyen" liegt hinter einem imposanten Renaissance-Torbogen von 1587. Das Restaurant gehört zum Schloss, das ab 1657 in Besitz des gleichnamigen Adelsgeschlechts war. Das Anwesen wurde 1953 von der Burrweilerer Winzergenossenschaft erworben, die später in der Gebietsgenossenschaft Rietburg aufging. Diese wandelte das Lokal in eine Genossenschaftsgaststätte um, was einmalig in der Pfalz ist. Noch heute ist sie Eigentümerin und lässt das erwirtschaftete Geld in die Erhaltung des Schlosses fließen. Auf der Weinkarte der Gaststätte findet man Siegerweine einer hiesigen Weinverkostung. Bei der Speisekarte folgen die für das Restaurant zuständigen Pächter der Philosophie: nicht viel Extravagantes, sondern Bekanntes, frisch und pfiffig zubereitet. Daher gibt es pfälzische Klassiker, aber auch deutsche wie Zunge, Backen oder Nieren. Je nach Jahreszeit werden Spargel, Pfifferlinge, Kürbis, Wild oder Gans angeboten. Ob Forellen aus dem nahen Eußertal oder ein mit Gras aus der Pfalz gefüttertes Lamm – die Produkte kommen meist aus der Region. Das zweite Restaurant mit Flair ist die Burrweiler Mühle, etwas außerhalb gelegen und eingebettet in die Hügellandschaft rund um einen angelegten See. Besonders in den Sommermonaten lohnt der Besuch, verbunden mit einer Wanderung ins kühle Modenbachtal oder mit einem Spaziergang durch die Weinberge. Hier erwartet die Gäste saisonal angepasste kreative Kochkunst. Angeboten werden aber auch legendäre Dauerbrenner, die es so nur in der Pfalz gibt. Dazu gehören die mit Leberwurst verfeinerte Pfälzer Bruschetta, das Carpaccio vom Pfälzer Saumagen, die beliebte Blutwurstlasagne sowie für Vegetarier das Burer Grummbeerpännel, also das Burrweilerer Kartoffelpfännchen mit frischen Champignons unter Limburger-Käse. Einfach lecker!

TIPP

Sehenswert in Burrweiler ist auch die Antik Ofen Galerie in der Hauptstraße.

- Winzergaststätte „Grafen von der Leyen", Weinstraße 18, 76835 Burrweiler, Tel. (0 63 45) 36 20, https://winzergaststaette-burrweiler.de
Landrestaurant „Burrweiler Mühle", Burrweiler Mühle 202, 76835 Burrweiler, Tel. (06323) 98 07 51, www.burrweilermuehle.de
- ÖPNV: ab Bf Neustadt oder Landau Buslinie 500, Haltestelle Burrweiler, Mitte

Winzer-
Gaststätte

Formenreich verziert

28 Durch das Barockdorf Hainfeld

Wer auf barocke Formen steht, der ist in Hainfeld richtig. Beim Spaziergang durch das Dorf entdeckt man Häuser aus der Barockzeit mit unzähligen Nischen, aus denen Heiligenfiguren grüßen. Ausgangspunkt des Rundgangs ist der Dorfladen „Weck & Ebbes", also „Brötchen und Etwas". Mitten im Ort gelegen und auch mit einer solchen Nische ausgestattet, bietet er regionale Nahrungsmittel und Produkte an.

Der barocken Pracht ging die völlige Zerstörung um das Jahr 1673 voraus, als Rache für die Ermordung von vier französischen Soldaten mit einem Sesel, dem Winzermesser. Die hatten sich laut Legende an Hainfelder Mädchen herangemacht. Mit verspieltem Detail wurde das Dorf an einem Stück wiederaufgebaut. Blickfang ist für Weinstraßenreisende eine große außergewöhnliche Madonnenfigur. Mit einem Sternenkranz über dem Haupt steht sie auf einer Weltkugel, als Siegerin über das Böse. Dargestellt werden Adam und Eva sowie die Schlange, die plastisch ihr Maul in die Höhe streckt. Im Ortszentrum steht auch die barocke Kirche Sankt Barbara von 1719. Deren Eingangstor mit der Heiligen ist das Wahrzeichen Hainfelds. Das Gotteshaus wurde mehrfach umgestaltet, was an Markierungen am Turm erkennbar ist. Sehenswert ist im Inneren ein Fresko aus dem Mittelalter, das die Heilige Barbara mit einer Rebenkrone zeigt und von Bürgermeister Wolfgang Schwarz schmunzelnd als älteste pfälzische Weinkönigin bezeichnet wird. Die echten Weinköniginnen aus Hainfeld wurden hingegen am Dorfbrunnen verewigt, der gleich um die Ecke des Dorfladens liegt.

Neben dem Barock steht in Hainfeld auch die Kunst aus anderen Epochen hoch im Kurs. Vier Ateliers und zwei Galerien gibt es. So wird ein jährlicher Kultur-Parcours angeboten und im atelier20 gibt es Veranstaltungen mit Niveau. Stolz sind die Hainfelder aber auch auf ihre 17 Weingüter. Wer den Ort in Richtung Westen verlässt, wird vom Schild „Wann's Licht brennt is uff" gestoppt. So lockt das Weingut Bernhard Koch mit seinem Weinpavillon am Ortsausgang seine Gäste, noch ein wenig in Hainfeld zu bleiben.

- Dorfladen „Weck & Ebbes", Weinstraße 43, 76835 Hainfeld, www.hainfeld.de
- ÖPNV: ab Bf Neustadt oder Landau Buslinie 500, Haltestelle Hainfeld, Dorfbrunnen

Weck
& Ebbes
NEUERÖFFNUNG
Dorfladen Hainfeld
Weck
& Ebbes
frische!
Handwerker
und
Wander-
Brötchen
BRÖTCHEN-
AUSGABE
im Hof
SEITEN-
EINGANG

Königinnenflair

29

Die Theresienstraße in Rhodt unter Rietburg

Fast komplett unter Denkmalschutz steht dieser Ort. Der Grund: Rhodt unter Rietburg gehörte bis 1815 zu Württemberg und Baden und blieb so von den Kriegen, die die Pfalz trafen, verschont. Der Durlacher Hof mit seiner Touristeninformation erinnert an die alte Beziehung über den Rhein. Herz des Ortes ist die Theresienstraße mit ihren historischen Häusern und Höfen. Der Name erinnert an die Gattin des bayerischen Königs Ludwig I. Wenn das Königspaar in der nahen Villa Ludwigshöhe weilte, kam die lutherische Therese gerne zum Kirchgang nach Rhodt in die St. Georgskirche. Die gehört zu den wenigen ausgeschmückten lutherischen Gotteshäusern, denn die meisten protestantischen Kirchen der Region waren reformiert und daher eher schlicht eingerichtet. Ein Thronsessel Thereses kann dort noch bestaunt werden.

TIPP

Der Palatina Outfitters Store in der Mühlgasse bietet Kleidung mit Bekenntnis zur Pfalz.

Entlang der Theresienstraße offenbaren Torbögen und Fachwerk spannende Details, beispielsweise Jahreszahlen oder Zunftzeichen. Optisch ansprechend wurden Südfrüchte, Feigen und Rosskastanien entlang der Straße angepflanzt. In der Theresienstraße findet sich auch der sehr beliebte Alte Kastanienhof, der kulinarischen Hochgenuss verspricht und mit reizvollen Gästezimmern zum Übernachten lockt.

Den Ausnahmezustand erlebt die Straße beim Heimat- und Blütenfest an Pfingsten. Viel Zeit braucht man dann, um voranzukommen, denn offene Winzerhöfe und Stände entlang der Straße bieten allerlei Leckereien und Außergewöhnliches. Nostalgischer Höhepunkt ist ein historisches Karussell, das in Rhodt liebevoll gepflegt wird. Im Herbst gibt es dann die Rhodter Kerwe, mit einer Kunstausstellung rund um den Durlacher Hof. Weininteressierte entdecken im Rhodter Rosengarten den angeblich mit 400 Jahren ältesten tragenden Weinberg der Welt. Gleich neben dem Alten Kastanienhof steht der Gedenkstein an den Rhodter Pfiff. Statt dem in der Pfalz üblichen halben Liter für einen Schoppen Wein erhält man im Pfiff einen ganzen, den man natürlich nicht alleine trinkt.

- Theresienstraße, 76835 Rhodt unter Rietburg, www.rhodt.de
- ÖPNV: ab Bf Neustadt oder Landau Bus 500 und 501, Haltestelle Rhodt, Mitte

Dorf mit Schutzengel

30

Madonnenblick auf Sankt Martin

Sankt Martin, auf Pfälzisch Made, steht unter besonderem Schutz. Das glauben jedenfalls viele Mademer. Ihr Lieblingsblick ist der von der Haardtmadonna in den Weinbergen herab auf ihren Ort. Bomben im Zweiten Weltkrieg trafen die Weinberge und diese Marienfigur, verschonten aber das historische Sankt Martin und seine Einwohner. Aus Dankbarkeit setzten die ihre Schutzpatronin wieder zusammen, mit Hinweis auf den Bombentag. Die im 18. Jahrhundert errichtete Figur steht auf der Erdkugel mit der Schlange und zeigt so, dass der Schutz vor dem Bösen immer schon ihre Aufgabe war. Im Rücken der Madonna liegt der Hochberg mit der Kropsburg, zu der ein Wanderweg hinaufführt. Der Blick ins Dorf offenbart einen der malerischsten Flecken der Pfalz, dessen Ortskern seit 1980 komplett unter Denkmalschutz steht.

TIPP

In der Kellereistraße befindet sich ein Barfußpark.

Wer von der Madonna die Haardtgasse hinuntergeht, landet in reizvollen Weinstuben, Cafés und Gaststätten wie dem St. Martiner Castell. Ein Gebäude hat es sogar als Motiv auf eine Briefmarke geschafft: das Briefmarkeneck, Mühlstraße 27. Das barocke Haus mit einem wunderschönen Erkervorbau, unter dem ein Gemälde des letzten Abendmahls Jesu zu sehen ist, ist heute Teil eines Antiquitätengeschäfts. Die auf der anderen Talseite des Dorfes höhergelegene Kirche Sankt Martin ist ein Kleinod aus gotischer Zeit, das an den eigentlichen Schutzpatron und Namensgeber des Ortes erinnert. Dort steht eine barocke Sandsteinfigur des Heiligen Martin von Tours, Mantelteiler und berühmtester Kriegsdienstverweigerer im Römischen Reich. Der Martinstag am 11. November ist hier ein Feiertag. Das Leben des Heiligen wird als öffentliches Theaterstück präsentiert, es gibt Martinsfeuer und ein Gansessen. Die Madonna liegt übrigens am rund 1,5 Kilometer langen Wein- und Stein-Lehrpfad, der auf großflächigen Tafeln informativ in den Zusammenhang zwischen Weinbau und regionaler Geologie einführt. Regelmäßig finden hier Führungen statt und im Juni feiern dort die Mademer ein Weinfest.

- Haardtmadonna, Haardtgasse, Sankt Martin, https://sankt-martin.de
- ÖPNV: ab Landau oder Neustadt Bus 500 und 501, Haltestelle Sankt Martin, Ort, Fußweg ca. 5 Min

Traumkulisse

31

Rund ums Schloss Edesheim

Ein Festspielort mit unvergleichlichem Ambiente: Das Schloss der Speyerer Fürstbischöfe in Edesheim, einst ein Wasserschloss mit großem Graben, bietet eine grandiose Kulisse. Nach Zerstörungen neu aufgebaut, liegt es in einer weitläufigen, über fünf Hektar großen Parkanlage. Das Schlossgelände wird von einer rund zwei Kilometer langen und efeuberankten Mauer umgarnt. Heute beherbergt der romantische Bau das Vier-Sterne-Hotel Schloss Edesheim für Übernachtungen auf gehobenem Niveau. Angeschlossen ist das Gourmetrestaurant im Schloss, in dem bei monatlich wechselnder Speisekarte auf der Parkterrasse oder im großen Raum mit Wandmalereien und offenem Kamin fürstlich gespeist werden kann.

Ein wahres Glücksgefühl erlebt, wer das Freilichttheater besucht, das an der Südwestecke des Schlosses gelegen ist. Die Aufführungen finden auf einer Bühne am wiederangelegten Schlosswassergraben statt. Sie sind für Musik- und Kleinkunstfans längst kein Geheimtipp mehr. Auf halbrunden Rängen finden rund 800 Besucher Platz, und diese erleben unvergessliche Abende unter freiem Himmel. Besonders beliebt sind hier nicht die ersten, sondern die letzten Reihen. Von hier aus hat man die beste Aussicht auf das romantische Schloss wie auch auf die Silhouette der nahen Berge der Haardt am Horizont. Das Programm bietet eine bunte Mischung aus Musik und Kabarett, bei denen vor allem die Local Heros zum Zuge kommen. Manche haben es, wie Bülent Ceylan, bereits in den Himmel des Showgeschäfts geschafft und kommen doch gerne wieder hierher zurück. In kleinerem Rahmen lockt die Reihe Kellerzauber in den historischen Wittelsbach-Gewölbekeller. Hier werden Musik, Kabarett oder Lesungen mit Gaumenfreuden verbunden.

TIPP

Sehenswert ist auch der alte Postkutschenhof der Weinstube Alter Posthof in der Staatsstraße.

Bei einem Besuch von Edesheim sollte man auch beim vielfach ausgezeichneten Weingut Anselmann in der Staatsstraße vorbeischauen. Dessen Weinprobierstand und die Straußwirtschaft Brunnenterasse mit leckeren Speisen unter einer Pergola liegen von Neustadt kommend gleich rechts am Ortseingang.

- Schloss Edesheim, Luitpoldstraße 9, 67483 Edesheim
www.schloss-edesheim.de; www.schlossfestspiele-edesheim.de
- ÖPNV: ab Bf Neustadt bis Bf Edesheim, RE 6, RB 51 und 53

Lehrreiche Entdeckungen

32 Der Weinlehrpfad in Edenkoben

Dass der Name des biblischen Gartens Eden im Ortsnamen steckt, ist kein Zufall. Edenkoben, auf Pfälzisch Edekowwe, bietet einen der paradiesischsten Weinlehrpfade an der Deutschen Weinstraße. Auf rund 1,5 Kilometern einfacher Strecke findet man im Freien stehende Weinpressen, Kelteranlagen, Karren, Pflüge und ein Fass, das mehr als 9000 Liter fassen kann. Erster Blickfang sind eine Vier-Spindel-Kelter und ein großes Fuhrwerk mit vier Fässern, auf denen die Namen der hiesigen Weinlagen verewigt wurden. Als Weinblätter gestaltete Infotafeln geben Auskunft über Weinregionen, den Weinbau und dessen Schlüsselbegriffe, über Rebsorten und Edenkobener Weinhoheiten. Zum Verweilen lädt die breite Liebeslaube mit Blick auf das ehemalige Kloster Heilsbruck und die Weinberge ein. Rast mit Picknick kann man am Mittelpunkt des Weges einplanen, einem überrankten Platz bei der großen barocken Kelter aus dem Jahr 1750. Dort weist ein Symbol auf den Wahlspruch der Weinbruderschaft der Pfalz hin: „In Vite Vita" bedeutet „Im Weinstock ist das Leben". Ein kleiner Musterweinberg demonstriert, wie einst der Wein in eingezäunten Kammern niedrig angelegt wurde, der sogenannte Kammertbau. Wer dies mit den hoch wachsenden Reben heutiger Tage vergleicht, der ahnt, wie anstrengend die Arbeit im Weinberg früherer Tage war. Die Trauben mussten im Bücken geerntet werden.

TIPP

Am Weinlehrpfad liegen die alla hopp!-Fitnessoase sowie ein Abenteuerspielplatz.

Beim Spaziergang hat man immer wieder die gelb hervorschimmernde Villa Ludwigshöhe im Blick, zu der man weiterwandern kann. Das nach italienischen Vorbildern gestaltete Schloss des bayerischen Königs Ludwig I. diente der royalen Sommerfrische und war Ort seiner Liebeleien abseits der Münchener Etikette. Von dort aus kann man auch nach oben zur Rietburg hinaufschweben, mit der einzigen Sesselbahn der Pfalz. Wer möchte, kann im Anschluss sein Wissen im Museum für Weinbau Edenkoben vertiefen oder am Ludwigsplatz im König-Ludwig-Keller den Tag bei einer zünftigen Mahlzeit und einem bayerischen Bier ausklingen lassen.

- Weinlehrpfad, Villastraße, 67480 Edenkoben, www.edenkoben.de/weinlehrpfad
- ÖPNV: ab Bf Neustadt oder Landau Bus 500 und 501, Haltestelle Edenkoben, Abzweig Ludwigshöhe

Hildegards Traum

33 Kräutergarten Klostermühle in Edenkoben

Wenn die berühmte Hildegard von Bingen noch leben würde, wäre sie vom Kräutergarten Klostermühle in Edenkoben sicherlich begeistert. Der rund 6000 Quadratmeter große Garten liegt, umgeben von alten Klostermauern, inmitten der Weinberge. Einst lag hier die Mühle des Klosters Heilsbruck, übersetzt „Brücke zum Heil". Von Zisterziensermönchen aus Eußerthal erbaut, wurde das Kloster Nonnen überlassen. Die kümmerten sich um Landwirtschaft, Wein und den Anbau von Heilkräutern. Alte Mühlräder erinnern an die Zeit, als zu dem Kloster rund 40 Dörfer gehörten, für die hier Getreide gemahlen wurde.

Heute strömt den Besuchern der mediterrane Duft dieses Kräuterparadieses entgegen. Eine Vielzahl von Duft- und Gewürzpflanzen, aber auch alte Obst- und Gemüsesorten können hier entdeckt werden, ob im Freiland oder im Gewächshaus. Die Heilkräuter sind nach Themen geordnet, beispielsweise nach Pflanzen, die hilfreich für die Atemwege, die Haut oder die Verdauung sind. Ein besonderer Event ist das Lavendelfest im Sommer. Wer da durch die Lavendelfelder schlendert, kommt sich vor, als ob er gerade die Provence besucht. Präsentiert werden 45 Sorten von Lavendel sowie das, was aus der Duftpflanze alles gemacht werden kann. Dazu gehört auch Lavendelsirup, der mit Wasser oder Sekt vermischt, im Sommer eine herrliche Erfrischung bietet.

Initiator der Glücksoase ist Klaus Schlosser, Gartenmeister und ehemals Gemüsebauer, der sich hier einen Lebenstraum erfüllt hat. Mit viel Herzblut führt er daher auch durch das Klostergelände. Alle Sinne sollen angesprochen und die Natur auf vielfältige Weise erfahrbar gemacht werden – so sein Motto. Dazu gehören auch Verkostungen von Gemüse, Obst und Kräutern aus dem Garten. Im Hofladen werden frisches Gemüse und Kräuterpflanzen, Essenzen, Sirup und Öl aus Lavendel, selbst produzierter Tee und Pesto angeboten. Und wer möchte, kann sogar mitten in diesem Paradies in einer Ferienwohnung übernachten, die Düfte des Kräutergartens und der herrliche Blick über die Weinberge inklusive.

- Kräutergarten Klostermühle, Klosterstraße 171, 67480 Edenkoben
https://kraeutergarten-klostermühle.de
- ÖPNV: ab Bf Neustadt oder Landau Buslinie 500 und 501, Haltestelle Edenkoben, Abzweig Ludwigshöhe, Fußweg ca. 5 Minuten

Hier klappt's!

34 Klappmetertour durch Maikammer

Wer von Süden her nach Maikammer, auf Pfälzisch Määkäm, kommt, wundert sich. Dort steht ein riesengroßer bunter Klappmeter inmitten der herrlichen Weinlandschaft. In diesem beschaulichen Ort entstand nämlich der erste klappbare Zollstock oder Klappmeter zur schnellen Messung von Längen, wie ihn heute Heim- und Handwerker weltweit kennen und schätzen. Die Erfinder Anton und Franz Ullrich aus Maikammer präsentierten das praktische Utensil 1889 auf der Weltausstellung in Paris. Das bescherte ihnen hohe Lizenzeinnahmen, die die Brüder ihrer verarmten Heimatgemeinde zugutekommen ließen. Sie bauten eine Fabrik für Emaille, die bis zu 400 Menschen Arbeit bot. Als Ende der 1920er-Jahre in der großen Wirtschaftskrise die Fabrik pleiteging, kam man auf eine geniale Idee: Die nun arbeitslosen Maikammerer schufen mit Landesmitteln die erste reine Tourismusstraße der Pfalz, die Kalmithöhenstraße. Die führte auf die Kalmit, den mit 673 Metern höchsten Berg des Pfälzerwaldes. Um an die Brüder Ullrich zu erinnern, wird eine Führung durch Maikammer auf den Spuren des Klappmeters angeboten. Und weil es in Maikammer auch sonst klappen soll, wird seit über 30 Jahren am ersten September-Wochenende ein Klapprad-Cup auf die Kalmit durchgeführt. Rund tausend Klapprad-Freaks nehmen an dem Spaß für Jung und Alt teil. Da die Tourist-Info Maikammer Klappräder zum Verleih anbietet, kann jeder selbst einmal diese anstrengende Gaudi ausprobieren.

Weniger anstrengend ist hingegen die Klappradtour oder der Spaziergang durch die malerischen Gassen. Einen Halt einlegen sollte man am Marktplatz, erkennbar am Denkmal des Generals Jakob von Hartmann und dem historischen Gasthaus Zum Goldenen Ochsen. Von dort geht es zum Haus Rassiga, dem Bürgerhaus. Das Renaissancegebäude in der Marktstraße ist der kulturelle Mittelpunkt des Ortes. Dort ist auch die Vinothek Weinkammer untergebracht, die im schönen Innenhof preisgekrönte Rebensäfte von 21 Weingütern aus Maikammer präsentiert. Natürlich kann man die hier auch gleich verkosten.

TIPP

Entspannung bietet der mediterrane Garten in Maikammer in der Immengartenstraße.

- Büro für Tourismus, Weinstraße Süd 40, 67487 Maikammer, Tel. (0 63 21) 95 27 68 www.maikammer.de
- ÖPNV: ab Bf Neustadt oder Landau Bus 500 und 501, Haltestelle Maikammer, Kirche

Was ist das Maß aller Dinge?

Säuerlich-sinnlicher Genuss

35 Weinessiggut Doktorenhof in Venningen

Als Georg Wiedemann vor Jahrzehnten die ersten edlen Weine in Essig verwandelte, erklärte ihn mancher Winzer für verrückt. Doch die Produkte aus dem Doktorenhof in Venningen wurden Kult. In der Galerie der säuerlichen Sinnlichkeit werden die köstlichen Essenzen präsentiert. „Essige sollen dicht und aromatisch schmecken", so die Philosophie von Wiedemann und seiner Tochter Cathrin. Wer nur scharfen Essig kennt, dem sei ein Erlebnis entgangen.

Vornehmlich die Rebsorte Ortega, aber auch Gewürztraminer und Riesling aus den Weinbergen rund um Venningen werden verwendet. Der Rebensaft liegt rund drei Jahre im Fass. Dann wird mit Essigbakterien eine zweite Vergärung durchgeführt. Das Ergebnis sind rund 40 Kreationen, und immer wieder kommen neue hinzu. So gibt es einen orientalisch süß-herben 1001-Nacht-Balsam, den grün-kräuterhaltigen Löwenherz und die erfrischende Zitronenbraut. Der bissige Vatermörder mit 18 Kräutern dient bei schweren Speisen zur Verdauung. Selbst der Safran als teuerstes Gewürz der Welt wird verarbeitet. Als Aperitif oder Digestif lässt man die Essige tropfenweise auf der Zunge zergehen. Daher gibt es hier spezielle langstielige Essiggläser, mundgeblasen, wie auch die edlen Flaschen. Zum Kochen geeignete Essige werden beispielsweise mit Steinpilz verfeinert. Sogar Pralinen mit Essig erfreuen den Gaumen. Ein Erlebnis sind Führungen durch den mystisch beleuchteten Essigkeller, einschließlich der Verkostungen von fünf Edelweinessigen, beispielsweise mit der charmanten Claudia Albrecht. Dabei erfährt man, dass die Heilwirkung des Essigs bereits der antike Gelehrte Hippokrates kannte. Vor 500 Jahren war es der pfälzische Kanzler Florenz von Venningen, der sich immer wieder vom Regierungssitz Heidelberg hierher zurückzog, um Heilessig, lateinisch Acetatum Sanum, zu kreieren. Sein Ziel war es, die Menschen gegen die Pest zu schützen. Natürlich sieht sich der Doktorenhof diesem Namen verpflichtet und hat einen solchen Heilessig ebenfalls in seinem Angebot.

● Weinessiggut Doktorenhof, Raiffeisenstraße 5, 67482 Venningen, doktorenhof.de
● ÖPNV: ab Bf Edenkoben Bus 505, Venningen, Ort

KÖNIGIN LUISE
Elixier mit Essig
CROCUS SATIVUS
PFÄLZER SAFRAN
KAISER HADRIAN
Elixier mit Essig
CROCUS SATIVUS
MIT PFÄLZER SAFRAN

Göttliches Vergnügen

36 Kirrweilers biblischer Weinlehrpfad

Kirrweiler liegt mitten in den Weinbergen, parallel zur Deutschen Weinstraße. Der Wein-, Obst- und Gemüseanbauort ist teils von Mauern umgeben, die früher die Sommerresidenz der Fürstbischöfe von Speyer schützten. Einst forderten die von den Winzern den jährlichen Weinzehnt. Was Pflicht war, ist heute Kür. Die Kirrweilerer feiern ihren Weinzehnt mit einem Fest und füllen neuerdings wieder den Domnapf zu Speyer als Abgabe an den Bischof, ganz zu dessen Freude. Kein Wunder also, dass Kirrweiler auch einen biblischen Weinpfad als Entdeckung bietet. Der führt an zwölf leicht begehbaren Stationen rund 2,5 Kilometer durch die Weinberge.

Der Rundweg beginnt mit vier Steinstehlen neben der barocken und mit reichen Deckengemälden ausgestatteten Friedhofskapelle der Mater Dolorosa, der leidenden Gottesmutter. Die stilvollen Tafeln auf den Stelen führen mit ansprechenden Bildern in die enge Verbindung von Bibel und Wein ein. Thematisiert werden das Symbol des Weinstocks und dessen Verbindung zum Baum des Lebens. Jesus Christus als Weinstock an der fünften Station sowie das Abendmahl an Station 11 spielen dabei eine Rolle. Die Menschheit wird mit einem Weinberg verglichen, in dem manches gut und manches nicht gut läuft. Die Bibel stellt Verbindungen her, die anschaulich präsentiert werden: Lebenswasser und Rebensaft sowie Wein und Liebe. Auch die biblische Friedensvision fehlt nicht, bei der Schwerter zu Pflugscharen und Winzermesser aus Lanzen geformt werden. Die letzte Stele schlägt dann, bevor man wieder die Friedhofskapelle erreicht, den Bogen zwischen dem Wein auf der Erde und dem Himmel.

Neben den biblischen Weisheiten bietet der Weinpfad auch Anschauliches zur Weinherstellung. Immer aber begleitet einen der herrliche Blick auf den Haardtrand über das Rebenmeer. Anschließend kann man in Kirrweiler einkehren, beispielsweise in der Schlossstraße beim Weingut Zum Schlössel sowie im Weingut Markus Schwab oder im Weingut Christian Hartmann.

TIPP

In Kirrweiler gibt es auch einen Kunstpfad (www.kunstpfade.de).

- Marienkapelle, Friedhofstraße, 67489 Kirrweiler
- ÖPNV: ab Bf Edenkoben Bus 504, Haltestelle Kirrweiler, Am Neugarten

Weinberg –
Volk Gottes

Hüttenverliebt

37 Pfälzerwaldhütten der Totenkopf- und Kalmithöhenstraße

Pfälzer antworten häufig auf die Frage nach ihrem Lieblingsausflugsziel: „Mir gehe uff ä Hitt." Gemeint ist eine der über 100 meist ehrenamtlich bewirtschafteten Hütten des Pfälzerwaldvereins, 17 davon mit Übernachtungsmöglichkeit. Rund 25.000 Mitglieder des Vereins widmen sich darüber hinaus dem Naturschutz, markieren rund 12.000 Kilometer Wanderwege und gestalten Walderlebnisangebote. Drei der beliebtesten Hütten liegen an zwei miteinander verbundenen Straßen im Wald hinter Sankt Martin und Maikammer und lassen sich zu Fuß, mit dem E-Bike, dem Auto und an Sonn- und Feiertagen mit dem Bus erreichen. Sie werden von Ortsgruppen betreut: die Totenkopfhütte von Maikammer, die Hellerhütte von Neustadt und das Kalmithaus von Ludwigshafen.

Nach Sankt Martin führt die Totenkopfstraße seit Römerzeiten über einen Bergsattel. Hinter der Abzweigung zur Kalmit liegt die Totenkopfhütte. Sie bietet außen viele Sitzgelegenheiten, einen rustikalen, aber gemütlichen Innenraum, einen Spielplatz und eine Kletterwand für Kleine. Einfache Gerichte wie Wurstsalat, Erbsensuppe und Lewwerknepp, also Leberknödel mit Bauernbrot werden gereicht. Von hier folgt man der gelb-blauen Markierung über einen Bergrücken zwei Kilometer zur Hellerhütte, oder man nutzt den doppelt so langen fahrrad- und kinderwagentauglichen Weg mit weiß-grüner Markierung. Diese Hütte wurde bundesweit bekannt, als in den 1960er Jahren eine Räuberbande hier ihr Unwesen trieb. Der riesige Spielplatz ist bei Kindern beliebt und ein großer Sandstein erinnert an das Gründungsjahr der Hütte anno 1903. Es geht zurück zur Totenkopfstraße, Abzweig Kalmit, über die Kalmithöhenstraße zum Parkplatz Hahnenschritt. Von dort aus könnte man noch in rund 30 Minuten zu Fuß das Hohe-Loog-Haus erwandern, mit der höchstgelegenen Rebe der Pfalz. Auf alle Fälle einplanen sollte man einen Halt am Kalmithaus. Diese älteste bewirtschaftete Hütte ist mit 673 Metern das höchstgelegene Gasthaus der Pfalz, mit wunderbarer Aussicht auf die Ebene.

- Totenkopfstraße, Sankt Martin und Kalmithöhenstraße, Maikammer
  www.pwv.de/index.php/huetten
- ÖPNV: Kalmitexpress Bus 503, Mai–Oktober, sonn- und feiertags

Bischoff
TOTENKOPFHÜTTE

Das Weinstraßengedächtnis

38 Historisches Museum der Pfalz in Speyer

Ein Besuch von Speyer lohnt allemal, denn schließlich gehört die Stadt zu den ältesten Deutschlands. Speyers Hauptattraktionen sind der Rhein und der Dom, der Stadtmauerturm Altpörtel und dazwischen die Flaniermeile Maximilianstraße. Auf Höhe des Doms liegt eine weitere Sehenswürdigkeit: das Historische Museum der Pfalz. Regelmäßig macht es durch aufsehenerregende Sonderausstellungen überregional auf sich aufmerksam. Außerdem birgt es das Gedächtnis der Weinstraße, besonders in den Abteilungen Weinmuseum und Römerzeit.

Das Weinmuseum ist das älteste seiner Art in Deutschland. Sein spektakulärstes Exponat ist der älteste Rebenwein der Welt. Der in einem Grab bei Speyer gefundene Römerwein hatte 1700 Jahre Zeit zum Reifen. Ebenfalls beeindruckend ist eine riesige Baumkelter aus dem Jahr 1727, eine hölzerne Weinpresse von 1702 aus Rhodt unter Rietburg sowie sogenannte Küferkunststücke wie ein Fünfsortenfässchen aus Gleiszellen oder ein vorne hoch- und hinten querovales Fass aus Kallstadt. Wie das Leben an der Weinstraße einst aussah, daran erinnern Bilder wie das von Gustav Ernst in Bad Dürkheim gemalte „Der bessere Schoppen" mit einem frühen Hinweis auf das Pfälzer Dubbeglas sowie das „Herbstfest in Rhodt" von Johann Jakob Serr, das die Weinernte im 19. Jahrhundert zeigt.

Im Untergeschoss des Museums erinnern Funde aus der Römerzeit an die Gründer vieler Weinstraßendörfer. Darunter sind Götterfiguren wie die der Göttin Maia, nach der der Wonnemonat benannt wurde, aus der Umgebung von Neustadt. Aufsehenerregend sind auch Grabbeigaben wie ein bronzenes Trink- und Essgeschirr aus Sausenheim bei Grünstadt. Besonders beeindruckend ist das um 325 entstandene Mithras-Heiligtum aus Gimmeldingen, das letzte bekannte seiner Art im gesamten Römischen Imperium. Der Kult symbolisierte durch die Darstellung der Tötung eines Stiers Stärke und die Erschaffung neuen Lebens. Wieder zurück an der Deutschen Weinstraße, kann man den Nachbau des Reliefs in der Loblocher Straße, gegenüber Haus 59, am Originalfundplatz in Gimmeldingen bestaunen.

- Historisches Museum der Pfalz Speyer, Domplatz 4, 67346 Speyer, Tel. (0 62 32) 1 32 50, museum.speyer.de
- ÖPNV: ab Bf Speyer Bus 564, 565 und 568, Haltestelle Domplatz

Mitten im Zentrum

39 Weinstraßenmittelpunkt Diedesfeld

Geografische Markierungen faszinieren. Genau zwischen dem Schweigener Weintor im Süden und dem Bockenheimer Haus der Deutschen Weinstraße als nördlichstem Punkt steht ein imposanter, beschrifteter Hinkelstein. Der zeigt die Mitte der 85 Kilometer langen Deutschen Weinstraße an und steht kurz hinter Diedesfeld Richtung Maikammer. Besonders für Radreisende ist er ein beliebter Haltepunkt, denn er bietet Sitzgelegenheiten rund um einen im Frühling herrlich blühenden Baum. An dem liebevoll angelegten und mit Blumen geschmückten Platz kann eine ausgedehnte Rast eingeplant werden. Der Blick schweift hier über Weinberge in die Ebene und aufs Hambacher Schloss über Diedesfeld.

Wer dabei einen Traubensaft oder Wein verkosten möchte, kann sich damit in der gegenüberliegenden Vinothek Isler versorgen. Die liegt ebenfalls im Weinberg und bietet Autoreisenden ausreichend Parkplätze, auch um den Mittelpunktstein zu besuchen. Bei Isler locken sowohl das Außengelände in warmer Jahreszeit zum entspannten Sitzen im Freien als auch das mit riesigen Glasfenstern ausgestattete moderne Weinerlebnishaus, um bei Regen oder in kalter Jahreszeit länger zu verweilen. Wer hier Halt macht, sollte es nicht versäumen, den südlichsten Ortsteil von Neustadt an der Weinstraße zu besuchen.

Diedesfeld wartet mit vielen Fachwerkhäusern auf und ist stolze Heimat der 1949 gewählten allerersten Deutschen Weinkönigin. Eine beeindruckende Besonderheit bietet das alte Rathaus aus dem Jahre 1601. Dort steht unter breiten Arkaden der pfalzweit größte Brunnentrog, der je aus einem Stein gehauen wurde. Sehenswert sind auch die Barockkirche Sankt Remigius mit ihrer Sonnenuhr und einer modernen Figur des Heiligen sowie das Schlössel, in dem einst der Amtmann des Speyerer Fürstbischofs wohnte. Schön übernachten kann man im Gästehaus Rebstöckel mit angeschlossener Vinothek. Und wer es zünftig mag, kann zur ortsnahen Klausenthalhütte in der Weißkreuzstraße mit ihrem großen Spielplatz und leckerem Pfälzer Essen spazieren.

- Weinstraßenmittelpunkt Diedesfeld, Weinstraße 622, 67434 Neustadt/Diedesfeld
- ÖPNV: ab Bf Neustadt Bus 500, 501 und 503, Haltestelle Diedesfeld Süd, Fußweg ca. 5 Minuten

mitte der
deutschen
weinstraße
Neustadt-diedesfeld

Auf Jakobs Spuren

40 Rundweg um die Sankt Jakobs-Kirche in Hambach

Jakobswege sind in. Einer dieser meditativen Wege macht Station in Hambach, wo an der Sankt Jakobus-Kirche die typische Muschel der Jakobspilger zu finden ist. Deren Turm aus dem 13. Jahrhundert prägt das Ortsbild. Zu dieser Zeit herrschten die Fürstbischöfe von Speyer über den Ort. Das damals verfeindete kurpfälzische Neustadt, zu dem Hambach heute gehört, war gerade erst im Bau. In der Kirche begeistern mittelalterliche Fresken sowie die prunkvolle Barockausstattung mit Deckengemälde.

Der Hambacher Rundweg auf Jakobs Spuren führt durch das Dorf entlang der Weinstraße, vorbei an rebenumsäumten und rosenumgarnten Häusern. Nachdem die Weingüter Sperl und Glas sowie die Weingaststätten Fuxbau und Fassdaube passiert sind, wird das Rathaus erreicht. Das 300 Jahre alte farbenfrohe Barock-Schmuckstück mit Ohrenrahmenfenstern und dem Uhrturm gilt als eines der schönsten Rathäuser der Pfalz. Die Heiligen Joseph und Nepomuk wachen in Muschelnischen über die Gemeindeverwaltung, was die früher enge Verbindung zwischen Kirche und Dorf demonstriert. Dann geht es die malerische Schlossstraße hinauf, wo die Schlossbergkellerei Nägele sowie die rund 400 Jahre alte Kultgaststätte Mohre Jule zur Einkehr locken. Weiter oben liegt das Weingut Schäffer, Drehort der ARD-Serie Weingut Wader. Dort finden im Sommer Kulturveranstaltungen statt, beispielsweise des in Hambach ansässigen Theaters in der Kurve. Wer reif ist für leckere Kuchen, wird hier im Café Süßholz fündig.

Oberhalb biegt man rechts in den aussichtsreichen Kirchbergweg ab. Der führt über Hambach vorbei an Bienenvölkern und Ruhebänken, auf denen man über die steile Weinlage auf die Ebene und die Sankt Jakobus-Kirche schaut. Der Blick schweift über das Hambacher Schwimmbad, in dem man sich mit herrlicher Sicht aufs Schloss erfrischen kann. Zwei beliebte Feste sollte man nicht verpassen: Ende Juni das Demokratie-Fest Schwarz-Rot-Gold in der Schlossgasse sowie am letzten Juliwochenende die Jakobuskerwe mit der Weinstraße als Festmeile.

- Kirche Sankt Jakobus, Freiheitsstraße 3, 67434 Neustadt-Hambach
- ÖPNV: ab Bf Neustadt Bus 500, 501 und 503, Haltestelle Hambach Oberhambach

Freiheit atmen

41 Hambacher Schloss

Hoch über Diedesfeld und Hambach liegt der Ort, an dem die Deutschen ihre Demokratie und Freiheit feiern. Der Besuch des auf aussichtsreichem Plateau gelegenen Hambacher Schlosses mit seiner Ausstellung zur Demokratiegeschichte ist ein Höhepunkt der Weinstraßentour. Hier gaben um den 27. Mai 1832 über 20.000 Menschen vor, ein Fest zu feiern und narrten so den bayerischen König in München. Stattdessen führten sie eine riesige Freiheits- und Demokratie-Demo durch. Philipp Jakob Siebenpfeiffer, Johann August Wirth und andere forderten freie Wahlen, ein Nationalparlament sowie ein einiges Deutschland und Europa. Hier hisste erstmals der Neustadter Bürger Johann Philipp Abresch eine schwarz-rot-goldene Fahne mit der Aufschrift „Deutschlands Wiedergeburt". Diese deutsche Ur-Fahne ist im Original in der Mitmachausstellung „Hinauf, hinauf zum Schloss!" zu sehen. Jung und Alt führt diese anschaulich in den schwierigen Weg zur deutschen Demokratie ein. Sie zeigt aber auch die Entwicklung der Anhöhe, auf der das Schloss liegt: von der Kästenburg der Speyerer Fürstbischöfe bis zu den Plänen, nach 1832 hier das bayerische Königsschloss Maxburg zu errichten, um das Fest vergessen zu lassen. Die Bayernkönige jedoch bauten stattdessen die nahe Villa Ludwigshöhe. Heute ist das Hambacher Schloss ein vielfältig genutzter Kultur- und Erinnerungsort, anerkannt als europäisches Kulturerbe. Veranstaltungen laden zum Diskurs über Völkerverständigung, Demokratie, Meinungs- und Pressefreiheit ein. Einer der Wege, der zum Schloss hinaufführt, ist besonders empfehlenswert. Auf dem Erlebnispfad ab dem Rathaus Hambach wird man an Stationen virtuell mit dem Smartphone oder Tablet von Anna-Maria Abresch, die die Hambacher Fahne lange in Neustadt versteckt hielt, nach oben gelotst. Bestens vorbereitet erreicht man so die Anhöhe. Wer im Anschluss den erlebnisreichen Besuch bei einem Kaffee, einem Wein oder einem Essen ausklingen lassen möchte, ist hier oben im Restaurant 1832 an der richtigen Stelle.

- Hambacher Schloss, Schlossstraße, 67434 Neustadt an der Weinstraße
  www.hambacher-schloss.de
- ÖPNV: ab Bf Neustadt Bus 502, Haltestelle Hambach, Schloss

Elwetritsche fangen

42

Pfälzer Fabelwesen in Neustadt

Elwetritsche kennt in der Pfalz jedes Kind. So gibt es in Speyer ihnen zu Ehren ein kleines Museum, im Landauer Zoo ein Gehege, im Bad Dürkheimer Naturkundemuseum ein ausgestopftes Exemplar mit Infotafel und in Dahn einen Lehrpfad. Hotspot für die, die diesen Fabelwesen nahekommen wollen, ist der Neustadter Elwetritschebrunnen. Der wurde 1978 von Gernot Rumpf in Bronze gegossen. Er steht dort, wo einst ein Pferdestall der Kurfürsten stand. Heute ist der Platz eine Wohlfühloase in der Stadt, mit Restaurants zum Sitzen im Freien, um das rege Treiben rund um den Brunnen entspannt zu beobachten. Der Brunnen bietet Glücksmomente für Jung und Alt. Ein frisch geschlüpftes Küken kann gestreichelt und die stolze Elwetritschekönigin von Kindern geritten werden. Sich gegenseitig nass spritzende Kampftritsche motivieren zur Mini-Dusche, außerdem werden die Utensilien einer Elwetritschejagd wie die Laterne und ein Sack gezeigt. Wie die Elwetritsche entstanden sind, erzählt eine Legende: Bei einem schweren Unwetter verliefen sich Hühner, Enten und anderes Kleinvieh der Weinstraßen-Bauern im nahen Pfälzerwald. Dort trafen sie auf Elfen, Kobolde und Wichtel. Das Ergebnis der Liebeleien sind die Elwetritsche. Der Brunnen zeigt nicht nur unterschiedliche Elwetritschegattungen und Szenen, sondern ist auch ein Symbol für Neustadt und seine neun Weindörfer. Weitere dieser Wesen stehen bei den Wasserbecken in der angrenzenden Laustergasse. Die demonstrieren nämlich die Pfälzer Sicht, dass es in Urzeiten Elwetritsche waren, die aus dem Meer den ersten Landgang wagten. Und eine Elwetritsch auf dem Marktplatz hat das Amtszimmer des Oberbürgermeisters fest im Blick. Angeboten wird in Neustadt auch die Elwetritschejagd. Ausgestattet mit Laternen, Fangsäcken und Stecken rufen sich Treiber und Fänger gegenseitig „Tritschtritsch“ und „Ui-Jui-Jui“ zu, um die Wesen anzulocken und in den Sack zu treiben. Doch nach der Jagd lässt man die freiheitsliebenden Pfälzer Geschöpfe sofort wieder frei. Ehrensache!

TIPP

Von Gernot Rumpf stammt auch der Paradiesbrunnen auf dem Kartoffelmarkt, der die Pfalz als Paradies zeigt.

- Elwetritschebrunnen, Marstall, 67433 Neustadt an der Weinstraße www.neustadt.eu/Tourismus-Wein/
- ÖPNV: Bf Neustadt an der Weinstraße, Fußweg ca. 5 Minuten

PAULANER
PAULANER
PAULANER

Pulsierendes Herz

43

Der Neustadter Marktplatz

Er gehört zu den schönsten seiner Art – der Marktplatz von Neustadt an der Weinstraße. Von März bis November tummeln sich im Herzen der historischen Altstadt Einheimische und Gäste, die das Flair und das mediterrane Klima genießen. Jede Gastwirtschaft oder Weinstube rund um den Platz ist in einem historischen Gebäude untergebracht. Egal wo man eine Sitzgelegenheit ergattert: Es tun sich immer neue Perspektiven auf. Im Zentrum steht der plätschernde und nachts beleuchtete Marktbrunnen, in dem sich im Sommer Tauben genussvoll erfrischen. Hier hatte sich der Festzug versammelt, der 1832 für Einheit, Demokratie und Freiheit demonstrierte und auf dem Hambacher Schloss erstmals die deutsche Fahne hisste. Imposant ist die spätgotische Stiftskirche mit ihren mächtigen Doppeltürmen, einst Hauptkirche der Kurpfalz und Grabstätte der Kurfürsten. Zu empfehlen ist eine Besichtigung der evangelisch und katholisch mauergeteilten seltenen Simultan- oder Doppelkirche sowie eine Turmbesteigung mit dem Besuch der größten Gussstahlglocke der Welt. Das barock gestaltete Rathaus war einst ein Jesuitenkolleg. Daneben auf dem Juliusplatz gibt es Wasseroasen, die dem alten Bachlauf durch die Altstadt folgen und im Sommer Erfrischung bieten.

Der älteste Fachwerkkomplex Marktplatz 11 wartet mit einem farbenfroh restaurierten Innenhof und dem Hof der Weinbruderschaft der Pfalz auf, wo viele Stadtführungen beginnen. Im 1580 erbauten Scheffelhaus weilte öfter der Dichter Victor von Scheffel, dessen Verleger im Erdgeschoss eine Verlagsbuchhandlung betrieb. Amtssitz des kurfürstlichen Repräsentanten war die rote Vizedomei, in deren Innenhof man abseits des Trubels speisen kann. Lohnenswert ist am Marktplatz auch der Spaziergang in die Metzgergasse. An deren Ende liegt eines der sieben ältesten Fachwerkhäuser der Pfalz, die übrigens alle in Neustadt stehen. Das weinumrankte Fachwerk mit der verwinkelten Gasse und den Türmen der Stiftskirche ist eines der schönsten Bildmotive der Stadt.

- Marktplatz, 67433 Neustadt an der Weinstraße
www.neustadt.eu/Tourismus-Wein/
- ÖPNV: Bf Neustadt an der Weinstraße, Fußweg ca. 10 Minuten

Sternengleich

44 Steinhäuser Hof in Neustadt

Er ist einer der ältesten, sicher aber der malerischste aller Höfe in der Pfalz. Zu jeder Tageszeit, aber auch in der Nacht, wenn auf dem Hofpflaster sternengleich Lichter leuchten, lohnt der Abstecher in den Steinhäuser oder Kubyschen Hof im Zentrum der Stadt. Der Hof besteht aus sieben verwinkelten Gebäuden. Darunter ist das älteste Haus Neustadts, ein gotisches Treppengiebelhaus aus dem Jahre 1276, das in der Rathausstraße links des Eingangstors erkennbar ist. Durch das imposante Renaissancetor gelangt man in den Hof, der bereits mehrfach als Kulisse für Romane und Filme diente. Das pittoreske Fachwerk-Ensemble mit altem Brunnen und Flaschenzug für höhere Lagerräume lässt ahnen, wie hier vor rund 500 Jahren gelebt und gearbeitet wurde. Das angebaute Treppenhaus, ein sogenannter Wendelstein von 1583, ist eine Erfindung der Renaissancezeit, die eine häufige Unfallursache des Mittelalters verhinderte: den Sturz von engen Stiegen zwischen den Stockwerken.

Zwei ganz besondere Locations gibt es hier: Im hiesigen Standesamt schließen Einheimische und Auswärtige gerne den Bund fürs Leben. Und dann ist da noch das Gourmet-Restaurant Urgestein, eines der wenigen vom Guide Michelin ausgezeichneten Sternerestaurants an der Deutschen Weinstraße. Hier stimmt einfach alles, wenn man bereit ist, sich solch einen Genuss zu gönnen und wenn man einen vorab zu buchenden Platz ergattert. Das unter einem Kreuzdeckengewölbe gelegene Restaurant bietet eine einmalig schöne Atmosphäre. Doch einen Stern am Kochfirmament erhält nur, wer auch kulinarisch Außergewöhnliches bietet. Sterneköchin Heidi Rinck verspricht ganzheitlichen Genuss für Körper und Geist und überrascht mit Grüßen aus der Küche, die auf der Speisekarte nicht zu finden sind. Von ausgewiesenen Sommeliers beraten, werden Spitzenweine aus der Region angeboten, ob aus dem Hause Stolleis oder Zeter. Wer den Besuch perfekt machen möchte, kann übrigens im kleinen, aber feinen Hotel dieses beeindruckenden alten Gemäuers die Nacht verbringen.

- Steinhäuser Hof mit Restaurant Urgestein, Rathausstraße 6a, 67433 Neustadt, Tel. (0 63 21) 48 90 60, www.restaurant-urgestein.de
- ÖPNV: Bf Neustadt an der Weinstraße, Fußweg ca. 10 Minuten

Zum Kuckuck!

45 Eisenbahnromantik in Neustadt

Nicht nur Eisenbahnromantiker kommen hier ins Schwärmen. Schon das Neustadter Bahnhofsgebäude aus dem 19. Jahrhundert ist ein Blickfang. Das fand auch ein Modelleisenbahnhersteller, der es in Miniatur als Nachbau anbot. Am Bahnhof liegt der 1847 erbaute und damit älteste als solcher noch genutzte Lokschuppen der Welt. Der beherbergt das Eisenbahnmuseum, das über eine Brücke erreicht wird. Mit der stilecht gelochten Bahnsteigkarte, die man beim Eintritt erhält, wandelt man auf dem Museumsgelände zwischen Stahlkolossen und Utensilien früherer Eisenbahner umher. Schwerpunkt sind die ehemaligen südwestdeutschen Länderbahnen. Besonders für die Dampflokomotiven der Pfalzbahn schlägt hier das Herz, aber auch die Deutsche Reichsbahn ist gut vertreten. Ehrfürchtig steht man vor einer Dampflok aus dem Jahr 1853 oder vor dem ersten elektrisch betriebenen Schnelltriebwagen, quasi dem ICE-Vorläufer von 1936. Alle Sinne werden angesprochen, besonders bei all denen, die in einem Holzklasse-Wagen probesitzen. Bildschirme informieren über den Lokführeralltag sowie über die faszinierende Zeit der dampfenden Stahlrösser.

TIPP

In Elmstein lohnt der Besuch der Alten Samenklenge, Haus der Forst- und Waldgeschichte.

„Wir wollen kein totes Museum sein", betont Museumsleiter und Lokführer Ralf Rudolph, der ansonsten die erste Tuba in der Staatsphilharmonie Rheinland-Pfalz spielt. Diesem Motto folgend, ist die Fahrt mit der Museumsbahn Kuckucksbähnel in den Pfälzerwald eine besondere Leidenschaft der Museumsbetreiber und zugleich die Hauptattraktion für viele Besucher. Seit 1984 kümmern sich die Mitarbeitenden des Museums und eine Bahnbetriebsgesellschaft darum, dass hier vor allem an Wochenenden vom Frühling bis in den Herbst hinein der Kessel raucht. Mit fünf Haltepunkten auf der Strecke geht es ins Elmsteiner Tal, wie vor 100 Jahren, als Forst- und Papierfabrikarbeiter zum Kuckuck in den Wald gebracht wurden. Die Entdeckung der Langsamkeit bei der Fahrt, das sanfte Geruckel und vor allem das Gemisch aus Dampf und Rauch in der Nase bleiben ein unvergessliches Erlebnis.

- Eisenbahnmuseum Neustadt, Schillerstraße 3, 67434 Neustadt, Tel. (0 63 21) 3 03 90, www.eisenbahnmuseum-neustadt.de
- ÖPNV: Bf Neustadt an der Weinstraße, Fußweg ca. 3 Minuten

89 7159

Paradies für Leckermäuler

46 Confiserie Michel in Neustadt

Die Confiserie Michel in Neustadt ist an der Deutschen Weinstraße die erste Adresse für Süßliebhaber. Vielfach preisgekrönt wurden der Konditor Jochen Müller und seine Frau Petra für ihre vielfältigen Kreationen. Ihr Ladengeschäft, das Genießerhäuschen, liegt mitten in der Neustadter Fußgängerzone, aber auch auf Weinfesten, Märkten und Messen sind die beiden mit ihrem roten Genießer-Mobil präsent – international sogar. Insbesondere mit ihren Pralinen hat die Confiserie im irdischen Schokoladenhimmel alles erreicht. Sogar die Aufnahme in den Olymp der Schokoladenmacher, den renommierten Club de Croquers de Chocolat in Paris hat man geschafft. Abgehoben ist hier jedoch keiner. Neben den Pralinen gibt es nämlich auch Bodenständiges wie etwa hochwertiges Brot und Gebäck, Tartes, Croissants und Konfitüre.

TIPP

Figuren von Kunigunde und de Weth finden sich an der Ecke Hauptstraße und Kunigundengasse.

Während andere durch ihre Kreationen geschmacklich nach Frankreich entführen wollen, bleibt der bekennende Pfälzer Jochen Müller klar der Region an der Weinstraße treu. Renner in seinem Angebot sind Pfälzer Eicheln und Walnüsse aus Haselnuss-Nougat oder eine mit Zartbitterschokolade ummantelte Mandel-Nougat-Mischung namens Woibergschnegg, also Weinbergschnecke. Lecker sind auch die mit Nougat gefüllten Keschde, also Kastanien, im Marzipanmantel oder die Pfälzer Sandsteine, eine fruchtige Mandel-Nougat-Schöpfung. Da an der Deutschen Weinstraße unzählige Essmandelbäume blühen, dürfen klassische Schokomandeln natürlich nicht fehlen. Der Konditor ist auch davon überzeugt, dass es die Pfälzer Fabelwesen Elwetritsche gibt. Daher backt er sie in einer Tonform aus Biskuit-Teig. Besonderes Highlight ist die Kunigundentorte, die an eine Legende über die junge Neustadterin Kunigunde Kirchner erinnert. Die junge Dame soll vor rund 300 Jahren durch eine Liaison mit dem französischen Offizier Johann Peter de Weth ihre Heimatstadt vor der Zerstörung gerettet haben. Die Torte jedenfalls ist legendär und ein ganz realer Liebesbeweis aus Kastanienmehl, Mandeln und Vanille mit eingelegten Feigen.

- Genießerhäuschen, Kellereistraße 13, 67433 Neustadt an der Weinstraße, Tel. (0 63 21) 8 43 66, https://geniesserhaeuschen.de
- ÖPNV: Bf Neustadt an der Weinstraße, Fußweg ca. 5 Minuten

Kunigunde Barbara Kirchner
Confiserie Michel
Café
Café
für Genießer
für Genießer

Schätze aus Papier

47 Spuren der Neustadter Bibel

Gleich zwei Schatzkammern locken in Neustadt nicht mit Gold oder Edelsteinen, sondern mit einem Buch. Und das hat weltweit Furore gemacht. Wer heute, egal wo auf der Welt, in einer Bibel nachschlägt, landet in der Pfalz. Deren vollständige Verszählung tauchte nämlich erstmals in Bibeln aus dieser Region auf. Druckermeister Matthäus Harnisch druckte sie einst für die 1579 in Neustadt gegründete Universität Casimirianum. Die Versangaben waren revolutionär und demokratisch zugleich, denn seither müssen Theologen genau belegen, woher sie Weisheiten in der Bibel beziehen, und Laien können dies überprüfen. So passt das ins Profil der Demokratiestadt Neustadt. Um daran zu erinnern, gibt es in Neustadt das Erlebnis-Bibelmuseum, das gleich mehrere Auflagen dieses Bibel-Schatzes präsentiert. Dass die Neustadter Bibeln so bedeutend wurden, hing auch an den Professoren des Casimirianums. Dazu zählte Zacharias Ursinus und sein Heidelberger Katechismus, den heute noch Reformierte weltweit beachten. Er lockte europaweit Studenten nach Neustadt und die verbreiteten die Bibeln mit Verszahlen.

Die Schatzkammer des Museums birgt darüber hinaus frühe Handschriften und Bibeldrucke sowie die seltene letzte Bibelausgabe Martin Luthers von 1545. Präsentiert werden archäologische Funde aus dem Land der Bibel, außerdem kann an einer Tiegeldruckpresse wie bei Johannes Gutenberg gedruckt und im Mönchsgewand mit einer Feder geschrieben werden. Es gibt Spiele sowie Kinder- oder Künstlerbibeln zum Schmökern. Auch das Stadtmuseum Villa Böhm hat ein Exemplar der Neustadter Bibel in einer Schatzkammer. Hier wird über den Druckermeister Harnisch, dessen Werke sich in wichtigen Bibliotheken der Welt befinden, sowie über die weiteren Professoren des Casimirianums informiert. Dies ist eingebunden in eine Ausstellung zur Stadtgeschichte mit der Erinnerung an Neustadter Persönlichkeiten sowie an den Weg der Demokratie, der mit dem in Neustadt organisierten Hambacher Fest von 1832 eng verbunden ist.

TIPP

Das Casimirianum in der Ludwigstraße ist ein sehenswertes Renaissancegebäude.

- Pfälzisches Erlebnis-Bibelmuseum, Stiftstraße 23, 67434 Neustadt, Tel. (06321) 8 47 72, www.bibelmuseum-pfalz.de
Stadtmuseum Villa Böhm, Villenstraße 16 b, 67434 Neustadt, Tel. (0 63 21) 8 55 15 40 www.stadtmuseum-neustadt.de
- ÖPNV: Bf Neustadt an der Weinstraße, Fußweg jeweils ca. 10 Minuten

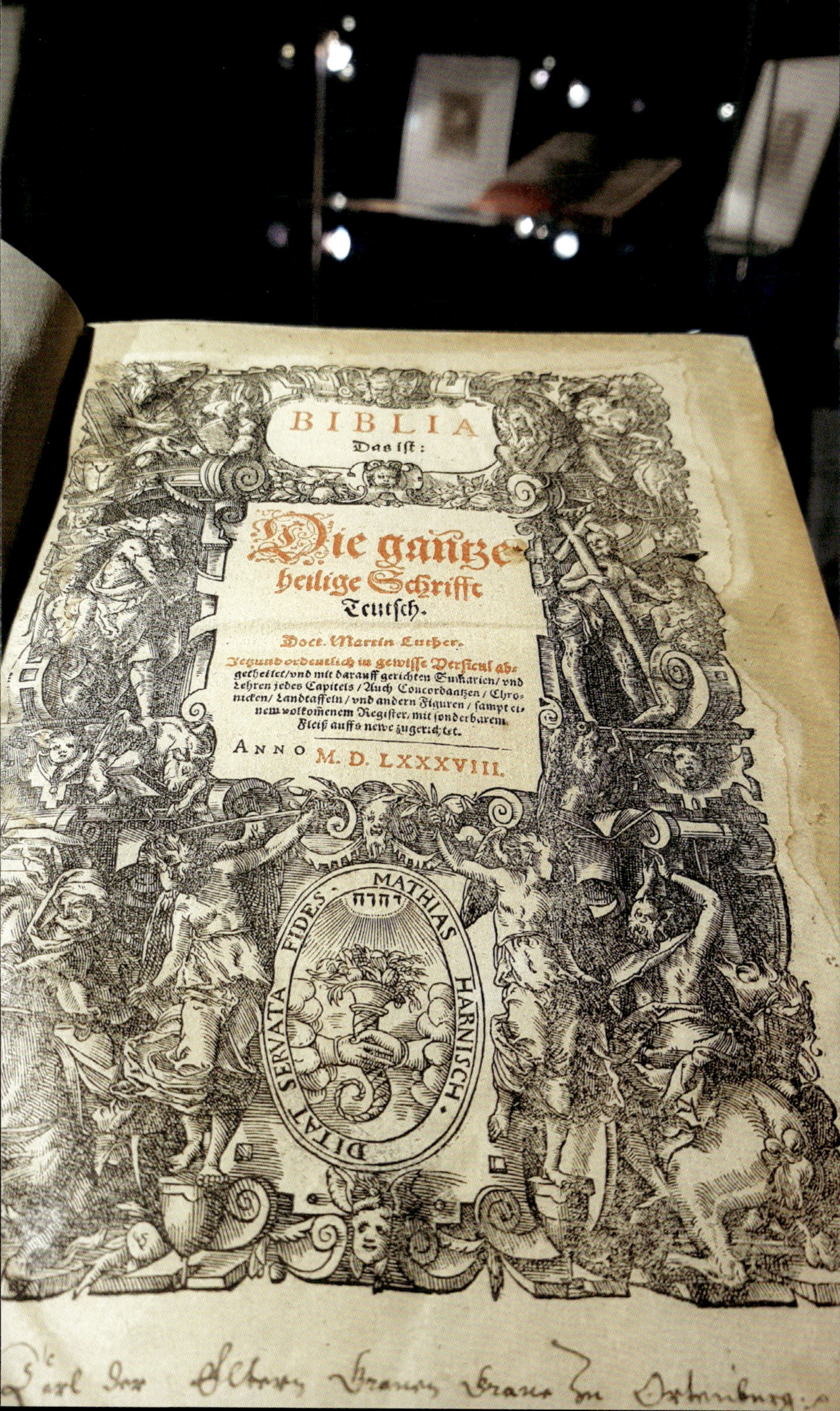
BIBLIA
Das ist:
Die gantze
heilige Schrifft
Teutsch.
Doct. Martin Luther.
Jetzund ordentlich in gewisse Versicul ab-
getheilet/vnd mit darauff gerichten Summarien/ vnd
Lehren jedes Capitels / Auch Concordantzen / Chro-
nicken/ Landtaffeln / vnd andern Figuren / sampt ei-
nem volkomenem Register, mit sonderbarem
Fleiß auffs newe zugerichtet.
ANNO M. D. LXXXVIII.
יהוה
MATHIAS HARNISCH.
DITAT SERVATA FIDES

Auf zur Sonnenseite

48 Sonnenweg Haardt zur Wolfsburg

Wer spaziert nicht gerne auf der Sonnenseite des Lebens? Vom Neustadter Ortsteil Haardt aus führt der Sonnenweg bis zur Wolfsburg. Auf diesem Premium-Spaziergang wird einem deutlich, warum Neustadt als Weinhauptstadt gilt. Der Blick geht zunächst über Weinberge am Steilhang auf die historische Altstadt. Am Anfang der rund drei Kilometer langen Strecke liegt die Dr.-Welsch-Terrasse mit ihrem exotischen Garten und einem herrlichen Blick in die Ebene. Man passiert die Hüllsburg, eine der vielen Prachtvillen Neustadts, benannt nach dem Dichter Johannes Hüll. Ein gepflasterter Weinbergsweg führt als kleiner Abstecher hinauf zum Deidesheimer Tempel. Den ließ 1853 der Winzer und Neustadter Bürgermeister Friedrich Deidesheimer erbauen. Inspiriert hatten ihn Gebäude im Englischen Garten Münchens. Die Aussicht auf die Neustadter Altstadt lädt auf dieser Stecke des Weges zum Innehalten auf einer Bank oder auf der Weinberg-Trockenmauer ein, die Lebensraum von Eidechsen ist.
Wo die ersten Bäume stehen, erreicht man einen Platz mit dem Gedenkstein der Weinbruderschaft der Pfalz, der einen wunderbaren Blick durch sattes Grün auf die Westseite der Stiftskirche bietet. Dann geht es weiter über der Talsenke an terrassierten Weinbergen, Bienenvölkern und Gärten mit Charme vorbei, mit Blick auf das Schwimmbad im Tal und den klassizistischen Bau des Leibniz-Gymnasiums gegenüber. Wer möchte, kann hier Richtung Schwimmbad und Stadt abbiegen.
Es geht nun etwas steiler weiter zum Wolfsbrunnen. Von hier aus kann man nach rechts hoch hinauf auf die Scheffelwarte oder auf das Weinbiet wandern. Weiter geht es zur Ruine der Wolfsburg hinauf. Die von einem Verein gepflegte Burg wurde erstmals 1269 erwähnt und diente der Sicherung des Tals sowie als Sitz des kurfürstlichen Statthalters. An Wochenenden hat, bei gehisster Flagge, die ehrenamtlich geführte Burgschenke geöffnet. Von hier aus kann man mit Getränken und Speisen die wunderbare Rundsicht auf das Tal und den Pfälzerwald genießen.

● Ab Haardter Treppenweg 21, 67433 Neustadt an der Weinstraße
www.wolfsburg-neustadt.de
● ÖPNV: ab Bf. Neustadt Bus 512, Haltestelle Haardt Winzer;
zurück: Bus 517, Haltestelle Neustadt, Stadthaus 2

Im Zwetschgen-Himmel

49 Quetschekuche Stubb Haardt

Wie das Gebirge entlang der Deutschen Weinstraße heißt das langgezogene Straßendorf Haardt, das sich selbst gerne Balkon der Pfalz nennt. Seine Hauptachse ist der Mandelring mit dem Haardter Schlössel, einst eine Burg der Pfälzer Kurfürsten. Die Spitzenweingüter Müller-Catoir, Weegmüller und Zeter findet man in der Straße, wie auch eine der urigsten Gaststätten der Region, die Quetschekuche Stubb. Der Name bedeutet Zwetschgenkuchen-Stube und erinnert daran, dass in Haardt die Quetsch eine besondere Bedeutung hat. Am ersten Septemberwochenende findet hier die Quetschekuche-Kerwe statt. Beim beliebten Weinfest gibt es ein Zwetschgenkern-Weitspucken und es werden Zwetschgen in vielerlei Variationen präsentiert, gerne auch als Quetschekuche mit Kartoffelsuppe.

Die Quetschekuche Stubb erinnert an diese Tradition und bietet ganzjährig Pfälzer Köstlichkeiten mit oder ohne Zwetschgen. Das liebevoll bemalte Fachwerkgebäude trägt die Jahreszahl 1706 und wurde bis in die 1980er Jahre landwirtschaftlich genutzt. Der vordere Gastraum war früher ein Kuh- und Saustall, während im hinteren Teil Kelter und Weinfässer untergebracht waren. Dies zeigt, dass viele Winzer noch bis in die 1960er Jahre Mischwirtschaft betrieben. Heute bietet der Komplex mehrere Gasträume, unter einem Tonnengewölbe mit rustikaler Theke oder im lichtreichen Wintergarten.

Gastronomisch präsentieren Meinolf Sachse und seine Frau Janette eine kreative Küche, die das Regionale und Saisonale in den Vordergrund stellt – und natürlich auch die Quetsch. So gibt es als Vorspeise Zwetschgen in Kräuter-Olivenöl. Pfälzer Klassiker wie Fleeschknepp, Saumaache und Brotworscht werden in überraschenden Variationen präsentiert. Auch bietet die Speisekarte leckere Fisch- oder Wildgerichte sowie Vegetarisches wie den karamellisierten Ziegenkäse mit Quetsche-Chutney. Als Nachtisch darf man sich ein Haselnusseis mit Wild-Quetschelikör oder zur Verdauung ein im Holzfass gereiftes Altes Pflümle gönnen. Wohlsein!

- Quetschekuche Stubb, Mandelring 163, 67345 Neustadt/Haardt, Tel. (0 63 21) 9 59 54 90, quetsche-kuche-stubb.de
- ÖPNV: ab Bf. Neustadt an der Weinstraße Bus 512, Haltestelle Haardt, Am Dorfwingert

Restaurant
Quetsche
Kuche
Stubb

Weiß-rosa Leuchten

50 Mandellehrpfad in Gimmeldingen

Etwa 2500 Mandelbäume rund um Gimmeldingen lassen den Ort im Frühjahr zur Augenweide werden. Sobald der vom Reifezustand der Knospen abhängige Termin feststeht, wird hier die Mandelblüte als Jahresauftakt gefeiert. Nach der grauen Jahreszeit ist die Sehnsucht nach der bezaubernden weißen und rosafarbenen Pracht groß, sodass viele Menschen den Ort und die Mandelwege besuchen. Jedoch kann man hier auch ganzjährig am Gimmeldinger Mandellehrpfad mehr über die Mandel, ihre Geschichte und ihre Arten erfahren. Die Römer hatten dieses Rosengewächs einst mitgebracht. Pfälzer Kurfürsten ließen vor rund 400 Jahren weißblühende Essmandeln hier in den Weinbergen anbauen, um den Winzern im Frühjahr ein Einkommen zu sichern. Aus rund 40 Kilogramm Mandeln pro Baum kann man Öl, Marzipan und Geraspeltes für Backwerk herstellen. Da die rund zehn Meter hohen Bäume kein dichtes Blätterdach haben, rauben sie dem Wein kein Sonnenlicht.

Der Gimmeldinger Mandellehrpfad bietet eine bunte Mischung aus Baumsorten, die man bei dem Spaziergang unterscheiden lernt. Es gibt Essmandelbäume wie die rosablühende Gimmeldinger Süßmandel, die Dürkheimer Krachmandel, die Prinzessmandel oder französische Arten wie die Areche, Ferragnes und Jura. Viele der Gimmeldinger Bäume sind allerdings Bitter- oder Ziermandeln wie die Mandelkönigin, die Mandel Nr. 10 oder die Perle der Weinstraße, die nicht verzehrt werden können. Da die Mandel keine Nuss ist, ist sie für Nussallergiker eine Alternative. Teil des Mandellehrpfades ist ein Hain mit Bäumen, die von Gimmeldinger Mandelköniginnen, wie Weinhoheiten hier heißen, zur Erinnerung an ihre Amtszeit gepflanzt werden. Dabei ist Gimmeldingen nicht der einzige Ort mit dem weiß-rosa Leuchten. Pfälzer Mandelpfad lautet der Name, der entlang der Deutschen Weinstraße die Mandelorte zwischen Schweigen und Bockenheim verbindet. Die Mandelblütenzeit bietet neben Gimmeldingen an vielen Orten entlang der Weinstraße einen glückserzeugenden Anblick, ob in Gleiszellen-Gleishorbach, Edenkoben, Ungstein oder Freinsheim.

- Mandellehrpfad, Neubergstraße 1, 67435 Neustadt an der Weinstraße
  www.gimmeldingen.de; www.mandelbluete-pfalz.de/de/mandelpfad
- ÖPNV: ab Bf Neustadt Bus 512, Haltestelle Gimmeldingen, Friedhof

MANDEL-LEHRPFAD
Die Mandel – Herkunft und Verbreitung
Botanik
Mandel-Lehrpfad (MLP)
Die Mandel und Gimmeldingen

Wein aus Tradition

51

Der Herrenhof in Mußbach

Er gilt als das älteste Weingut der Pfalz. Der Herrenhof ist das Herz von Mußbach, historisch und kulturell. Eine Fördergemeinschaft kümmert sich seit den 1980er Jahren rege um den alten Gutshof, der dank dieses Eifers für Besucher in neuem Glanz erstrahlt. Benannt ist er nach den Herren des Johanniter-Ritterordens, die ihn vor rund 800 Jahren übernahmen, doch seine Wurzeln sind ein alter Wehrhof aus dem 7. Jahrhundert.

Am Tor des offenen Herrenhofes entdeckt man Wetzrillen. Ob hier früher mit einem Stahl Feuer gemacht oder Ritter ihre Schwerter geschärft haben, bleibt der Fantasie überlassen. Rechts liegen die ehemaligen Unterkünfte der Bediensteten, Grenzsteine mit Johanniterkreuz sowie der anschauliche Getreidekasten mit dem Storchenturm aus der Renaissancezeit. Darin ist das Weinbaumuseum untergebracht, das auf Anfrage seine Tore öffnet und anschaulich über Anbaumethoden, Rebenzüchtung und die Arbeit im Weinkeller informiert. Im Westen liegen das mächtige ehemalige Kelterhaus mit der Remise sowie mit einem großen Festsaal für Theateraufführungen und Konzerte. Die unteren Räume werden für international beachtete Kunstausstellungen genutzt, aber auch für Weinverkostungen aller Art. Blickfang in der Mitte des Hofes ist ein mittelalterlicher Brunnen. Auf der Südseite steht das Herren- und Kutscherhaus im Barockstil. Dahinter befindet sich innerhalb der Mauern des Hofguts ein Weinberg. Dort werden bei einem Museumsbesuch alte Anbaumethoden gezeigt. Die restlichen früher zum Gut gehörenden Weinberge sind heute Staatsweingut des Landes Rheinland-Pfalz.

Nicht nur am Eselshautfest Anfang Juli, benannt nach einer bekannten Weinlage, ist hier viel los. Wer Mußbach besichtigt, sollte auch eines der ausgezeichneten Weingüter besuchen, beispielsweise Schäfer, Buchert, Völcker oder Stolleis. Oder man lässt den Ausflug im beliebten offenen Hof der Winzergenossenschaft Weinbiet Gimmeldingen-Mussbach-Haardt gleich neben dem Herrenhof ausklingen.

TIPP

Das Weingut Bähr Pfalztraube in der Straße An der Eselshaut bietet leckeren bundesprämierten alkoholfreien Wein und Sekt an.

- Herrenhof Mußbach, Herrenhofstraße 6, 67435 Neustadt/Mußbach, Tel. (0 63 21) 9 63 99 90, www.herrenhof-mussbach.de
- ÖPNV: ab Bf Neustadt RB 45 bis Bf Mußbach, Fußweg ca. 5 Minuten

Welch ein Aroma!

52 Teekultur in Ruppertsberg

Eine Tee-Hochburg mitten im besten Riesling-Weinanbaugebiet ist Ruppertsberg. Strahlender Blickfang der Teekultur ist das 2021 nach einem Brand wieder im alten Glanz hergerichtete Ruppertsberger Teehaus. Der klassizistische Gartenpavillon wurde 1844 auf einer Anhöhe oberhalb des damals neu erbauten Hofguts Wolf errichtet. Geheimrat Albert Bürklin und seine Frau Luise geborene Wolf haben hier Teestündchen im englischen Stil gehalten. Heute wird das Teehaus mit Blick über die Deutsche Weinstraße für Veranstaltungen oder Trauungen genutzt. Doch damit nicht genug. Dass Ruppertsberg noch heute eine erste Adresse für Teefreunde ist, liegt an der Tee-Gärtnerei Schönfeld. Umgeben von Weinbergen und Obstplantagen werden mehr als 20 Teesorten auf rund einem Hektar Fläche naturnah angebaut und liebevoll verpackt der Kundschaft angeboten. Wichtig sind den Betreibern die kurzen Wege, denn sie ermöglichen die Frische der aromatischen Kräutertees. Im Unterschied zu Teeangeboten aus Übersee garantiert die Tee-Gärtnerei kontrollierten Anbau ohne Giftstoffe. Wichtig seien der Zeitpunkt der Ernte, am besten früh am Morgen, und das schonende Trocknen der Teeblätter. Der Nachmittag ist im Betrieb der Weiterverarbeitung des Tees gewidmet oder den Führungen durch die Teegärtnerei und den Kräuterhof.

Angeboten wird der Tee im Grob- und Feinschnitt, in kompostierbaren Verpackungen, denn die Umwelt liegt den Teegärtnern besonders am Herzen. Das Sortiment reicht vom klassischen Pfefferminz- und Kräutergarten-Tee über den verführerisch-aromatischen Casanova aus Thymian, Oregano, Zitronengras mit roten Kornblumenblättern bis hin zu den Varianten Bloody Bastard, Bloody Hell und Bloody Mary, die Zitronenmelisse, Brennnessel, Oregano und Chili enthalten.

Wer mit Tee eingedeckt ist, versorgt sich zu Füßen des Teehauses im heutigen Hofgut Ruppertsberg mit regionalen Lebensmitteln, bevor er sich im idyllischen Hof oder in den rustikalen Gästeräumen anschließend kulinarisch verwöhnen lässt.

- Schönfeld – Die Tee-Gärtner, Mittelgasse 23, 67152 Ruppertsberg, Tel. (0 63 26) 9 89 16 70, www.schoenfeld-tee.de
Hofgut Ruppertsberg, Obergasse 2, 67152 Ruppertsberg, Tel. (0 67 152) 98 20 97
dashofgut.com
- ÖPNV: ab Bf Neustadt Bus 512, Haltestelle Hohe Burg/Ruppertsberg

Traditionsreich

53 Rund ums Rathaus Deidesheim

Das kopfsteingepflasterte Areal rund um das Rathaus in Deidesheim, auf Pfälzisch Deisem, gilt als einer der schönsten Flecken entlang der Deutschen Weinstraße. Berühmt ist dessen barocke Doppel-Freitreppe, denn hier wird seit über 700 Jahren eine der ältesten Traditionen in Rheinland-Pfalz zelebriert: die Geißbockversteigerung. Das jüngste Hochzeitspaar des Ortes Lambrecht führt jährlich zu Fuß am Pfingstdienstag einen gut gehörnten und gebeutelten Bock hierher. Zur Versteigerung als Ausgleich für Weiderechte strömen Tausende Besucher. Im Rathaus selbst laden der historische Ratssaal, das Museum für Weinkultur und eine Dauerausstellung zum Biosphärenreservat Pfälzerwald zur Besichtigung ein. Von der Rathaustreppe geht der Blick auf das 1374 erstmals erwähnte Gasthaus Zur Kanne, das als das älteste der Pfalz gilt. Daneben lädt das Museum für Film- und Fototechnik mit seiner kleinen, aber feinen Ausstellung ein.

Wer die Weinstraße überquert, landet auf dem Marktplatz mit dem Andreasbrunnen. Leuchtend in barocken Farben und Formen präsentiert sich der 1703 erbaute Deidesheimer Hof, der als Amtshaus genutzt wurde. Heute ist hier ein renommiertes Restaurant und Hotel untergebracht. Fast zwei Jahrzehnte lockte der ehemalige Bundeskanzler Helmut Kohl Staatsgäste hierher, denn die Küche des Deidesheimer Hofs gilt als eine der besten entlang der Deutschen Weinstraße, besonders wenn es um Pfälzer Spezialitäten wie den Saumagen geht. Vom Frühling bis in den Spätherbst kann man hier das Treiben rund ums historische Rathaus beobachten. Gleich dahinter liegt die alte Wasserburg, einst Schloss der über Deidesheim herrschenden Fürstbischöfe von Speyer. Der gerade neu zur Ruhezone umgestaltete Schlossgarten und ein intakter Turm der Befestigung laden zum Innehalten ein. Alle zwei Jahre weilen hier renommierte Literaten als Deidesheimer Turmschreiber, die ihre Erlebnisse mit dem Ort niederschreiben sollen. Zu deren Salär gehören übrigens täglich zwei Liter Wein als Inspirationshilfe.

TIPP

Am Geißbockbrunnen am Stadtplatz kann man fürs Foto ins Gewand des Hochzeitspaares schlüpfen.

- Deidesheimer Rathaus, Marktplatz 9, 67146 Deidesheim, www.deidesheim.de
- ÖPNV: ab Bf Neustadt oder Bf Bad Dürkheim RB45 zum Bf Deidesheim, Fußweg ca. 5 Minuten

Zum Schwanen
DEIDESHEIMER HOF

Vom Feinsten

54 Winzerverein in Deidesheim

Wie im Paradies fühlen sich die Deidesheimer. Deshalb haben sie oben in den Weinbergen die Figur einer Eva platziert, mit bestem Blick auf den traumhaften Ort, Picknickplatz inklusive. Kein Wunder also, dass der Deidesheimer Winzerverein seinen Probier- und Schnupperraum Weinparadies nennt. Das ansprechend modernisierte alte Gemäuer ist ganzjährig geöffnet und bietet Entdeckungen, die deutlich machen, warum Deidesheim seit 2009 die erste Cittaslow-Gemeinde Deutschlands ist. Hier wird ökologische Nachhaltigkeit und das Genießen von regionalen Produkten großgeschrieben. Natürlich können Weine und Sekte hier verkostet und erworben werden, doch das Weinparadies ist auch ein Marktplatz für Regionales. Es gibt Leckereien wie Senf, Marmelade, Öl, Essig und Spirituosen aus lokaler Herstellung, Kunstobjekte, Bücher über die Pfalz, mundartliche Accessoires des Cartoonisten Steffen Boiselle sowie Schönes und Nützliches rund um den Wein.

Der Winzerverein Deidesheim ist übrigens der älteste der Pfalz. Bereits 1898 hatten Deidesheimer Kleinwinzer erkannt, dass ein gemeinsam organisierter Weinkeller Vorteile hat. Heute produzieren die Mitglieder des Vereins jährlich rund 1,5 Millionen Flaschen Wein. Ein besonderes Erlebnis sind die Führungen durch den Weinkeller oder auch Weinwanderungen. Und wer schon mal in Deidesheim ist, der sollte auch drei Weinlegenden besuchen, die den Verband Deutscher Prädikatsweingüter, kurz VDP, mitbegründet haben: die Weingüter Geheimer Rat Dr. von Bassermann-Jordan, Reichsrat von Buhl und von Winning. Diese entstanden 1848 nach dem Tod des Weingutsbesitzers und Bürgermeisters Andreas Jordan, der als erster Winzer in der heutigen Pfalz den sogenannten Qualitätsweinbau eingeführt haben soll.

Zünftig kann man dann den Besuch im paradiesischen Deidesheim in der Gaststätte des Winzervereins in der Weinstraße ausklingen lassen – ob in der dortigen Wein-Eventlocation oder im Restaurant bei Pfälzer Köstlichkeiten und einem leckeren Wein oder Traubensaft aus der Region.

- Winzerverein Deidesheim, Prinz-Rupprecht-Straße 8, 67146 Deidesheim, Tel. (0 63 26) 9 68 80, www.winzervereindeidesheim.de
- ÖPNV: ab Bf Neustadt oder Bf Bad Dürkheim RB45 zum Bf Deidesheim, Fußweg ca. 2 Minuten

PÄLZER RÄDSELHEFT
POKER

Ungeheuerlich

55 Drachenspaziergang in Forst

Ungeheuer – bei diesem Namen bekommen Freunde trockener Weißweine glänzende Augen. Damit ist eine Weinlage in Forst gemeint, aus der beste Rieslinge stammen, entsprechend ausgezeichnet mit Weltprämierungen. Die Dorfeingänge zieren daher folgerichtig in Stein gemeißelte Ungeheuer von Jutta Weißbrodt und Bettina Morio, Steinbildhauermeisterinnen aus der Region. Die beiden Drachen sind Ausgangs- und Endpunkt eines Spaziergangs auf der Weinstraße durch das Dorf. Das Kopfsteinpflaster aus Vulkanbasalt wurde bewusst gewählt, denn die Weinlage verdankt ihre Qualität einem wirklichen Feuerspucker. Über dem Ort liegt mit dem Pechsteinkopf nämlich der einzige Vulkan im Oberrheingraben. Daher besteht der Boden rund um Forst aus Vulkangestein mit Tuff und Basalt. Ein Abstecher auf den Vulkanberg lohnt, denn dort liegt ein rund 600 Meter langer, mit Wasser gefüllter Basaltgrabensee als Zeugnis der Vulkanaktivität. Wer bereits auf der Höhe ist, hat vom sogenannten Lagenstein einen wunderbaren Ausblick über den Ort.

Zurück zum Spaziergang zwischen den Drachen von Forst. Dort findet sich auf der Strecke der Hansel-Fingerhutbrunnen. Er zeigt anschaulich eine Szene, die hier seit 1722 am dritten Sonntag vor Ostern zelebriert wird und inzwischen als immaterielles Kulturerbe gilt. Im Lumpengewand als Narr mit schwarz bemaltem Gesicht tritt Hansel-Fingerhut auf und verjagt mit anderen Gesellen den Winter. Auffällig an der verkehrsberuhigten Weinstraße sind die vielen Feigenbäume, die an das warme Klima der Region erinnern. Einkehren kann man beispielsweise im Napoleonszimmer des Winzervereins in der Weinstraße. Traditionsreich ist die Gaststätte „Zum Schockelgaul“, hochdeutsch „Zum Schaukelpferd“. Sie bietet regionale Küche, bei der man genussvoll satt wird. Der angeschlossene Hofladen wartet mit einer großen Käsetheke, Pfälzer Delikatessen und Forster Weinen auf. Hier kann man auch überprüfen, was einst Reichskanzler Otto von Bismarck über den hiesigen Wein gesagt haben soll: „Dieses Ungeheuer schmeckt mir ungeheuer.“

- Weinstraße, 67147 Forst an der Weinstraße, www.forst-pfalz.de
- ÖPNV: ab Bf Neustadt oder Bf Deidesheim Bus 512, Haltestelle Forst, Waage

FORST
mit den besten
Weinlagen
der Pfalz

Wasserumgarnt

56 Die Friedelsheimer Wasserburg

Die Pfalz ist mit rund 500 Burgen ein wahres Burgenparadies. Das beschauliche Friedelsheim an der Weinstraße, auf Pfälzisch ohne Vokal Frlsm gesprochen, bietet jedoch eine besonders außergewöhnliche ihrer Art. Während ehemalige Höhenburgen im Wald oder auf Felskämmen noch zu erkennen sind, weil es zu beschwerlich war, deren Steine abzubauen, haben Burgen in der Ebene das Plündern zugeschnittener Steine durch Häuslebauer selten überlebt. Die Friedelsheimer Wasserburg ist eine seltene Ausnahme. Auf dem 16 Meter hohen Bergfried des sogenannten Wiserschen Schlosses hat man die beste Aussicht auf den Haardtrand mit der Wachtenburg und dem Hambacher Schloss.

Der berühmte Pfalzgraf Johann Casimir hatte 1575 die Burg, die zuvor dem Kloster Limburg gehörte, konfisziert. Er gestaltete das Areal im Stil der Renaissance um und baute daraus ein Schloss mit Tier- und Lustgarten. An ihn erinnert eine 2020 eingeweihte Stahlskulptur am Wassergraben. Dort kann man heute entspannt sitzen, Enten beim Wasserspiel beobachten und hat dabei den besten Blick auf die Burg sowie die danebenstehende Mennonitenkirche. Die erinnert an die Ansiedlung von Täufern aus der Schweiz nach dem Dreißigjährigen Krieg. Gespeist wird der Wassergraben vom Schwabenbach, was im Mittelhochdeutschen „Kleiner Bach“ bedeutet.

An der Burg stolpert man quasi auch über die Tafeln des empfehlenswerten Johann-Casimir-Weges, der rund um die Burg und das Dorf führt. Wer ihm folgt, begegnet Torbögen des ehemaligen Schlosses, einer Museumsschmiede, der protestantischen Kirche mit einem Turm aus dem 11. Jahrhundert und dem Bürgerbrunnen von Gernot Rumpf mit Fantasiewesen wie der Apfel-Elwetritsch. Wer möchte, kann auf dem Rundweg am Ortsrand einen Abstecher zum Rebsortenlehrpfad machen, mit 38 unterschiedlichen Rebenarten in zwei Weinbergszeilen. Die guten Friedelsheimer Weine kann man beispielsweise im Weingut Krebs verkosten oder an Wochenenden im Sommer ab 18 Uhr am Weinprobierstand, den der Ortsverschönerungsverein hinter der Burg betreibt.

● Burg Friedelsheim, Burgstraße, 67159 Friedelsheim
www.friedelsheim.de/tourismus-freizeit/sehenswertes.html
● ÖPNV: ab Bf Mannheim Straßenbahn 9 (Rhein-Haardt-Bahn), Haltestelle Friedelsheim, Fußweg ca. 10 Minuten

Fruchtiges Erlebnis

57 Hofladen Reinhardt in Niederkirchen

Niederkirchen ist ein stolzes Dorf. Schnell erfährt man, dass hier der Mutterort der benachbarten Tourismushochburg Deidesheim liegt. Blickfang ist die Kirche Sankt Martin mit ihrem wuchtigen Vierungsturm aus dem 11. Jahrhundert, eines der außergewöhnlichsten Gotteshäuser der Pfalz. Fast in dessen Schatten liegt das Weingut Thomas Reinhardt, das ein gutes Beispiel für einen Trend an der Deutschen Weinstraße ist. Einige Winzerbetriebe konzentrieren sich nicht mehr allein auf den Rebensaft. Sie bauen, wie das früher bereits war, in einem Mischbetrieb auch Obst an und vermarkten dies selbst.

Jungwinzerin Maria Reinhardt zieht mit ihrem kleinen Hofladen viele Menschen aus der gesamten Region an. Es ist die Vielfalt, die fasziniert. Rund 30 Apfel-, knapp 20 Birnen- und dazu mehr als zehn Zwetschgen- oder Pflaumensorten bietet sie ihren Kunden an, darunter die Edelpflaume Reineclaude, aber auch Mirabellen, Stachel- und Johannisbeeren, Kürbisse und mehr. Das Obst wird liebevoll in einem kleinen Raum präsentiert. Orientierung erhält man im Gespräch oder über ein Heft, das man zur Hand bekommt. So lernt man Obstsorten unterscheiden – beispielsweise den würzigen Zari-Apfel vom weinsäuerlichen Boskoop oder den säuerlichen, nicht lange haltbaren Klarapfel vom süßen Bellidar. Man lernt die Nordhäuser Winterforelle kennen, keinen Fisch, sondern eine Birnenart, die süß und wohlschmeckend ist. Schnell wird einem bewusst, warum Hofläden so angesagt sind. Frisch, knackig und aromatisch sind die baumreif geernteten Früchte. Es werden auch frische hundertprozentige Säfte angeboten, aus Apfel, Quitte, Birne und aus weißen und roten Trauben, alle ohne Konservierungsstoffe oder Zusätze hergestellt – ein Geschmackserlebnis pur. Und ökologisch ist das auch, weil kaum Transportwege anfallen und die Landwirte auf einen schonenden Pflanzenschutz achten. Ein besonderes Highlight im Ort ist daher nicht nur das Fest um den Wein Ende Juni, sondern auch die Apfelprobiertage Anfang Oktober lohnen, Niederkirchen zu besuchen.

- Weingut Thomas Reinhardt, Hauptstraße 28, 67150 Niederkirchen, Tel. (0 63 26) 82 03, www.weingut-thomas-reinhardt.de
- ÖPNV: ab Bf Deidesheim Bus 574, Haltestelle Kirche

5L
5L
Quitten- und Apfelsaft
100% Saft
aus eigener Ernte
Thomas Reinhardt
Apfelsaft
100% Saft

Vom Löwen bewacht

58

Der Wachenheimer Marktplatz

Der staatlich anerkannte Erholungsort Wachenheim, auf Pfälzisch Wachenem, hat viel zu bieten. Blickfang, Treffpunkt und Rastplatz für Reisende ist der Löwe, der auf einer Säule über den überschaubaren Marktplatz mit Brunnen wacht. Er präsentiert das kurpfälzische Wappen mit den Wittelsbacher Rauten und dem Pfälzer Löwen. Wer sich stärken will, findet hier ein Eiscafé, die Vinothek PFALZweiße sowie das legendäre Café Schellack.

Im Schatten des Löwen erholt, kann die dahinterliegende St. Georgskirche erkundet werden. Die ist nämlich eine Seltenheit, weil sie als eine der wenigen Doppelkirchen von Protestanten und Katholiken – getrennt durch eine Mauer – genutzt wird. Der erste Bau der Kirche muss vor dem Jahr 911 entstanden sein. Im Zuge der Erhebung Wachenheims zur Stadt um 1341 wurde sie im gotischen Stil erweitert. Die zunächst protestantischen Pfälzer Kurfürsten teilten nach ihrem Wechsel zum katholischen Glauben 1715 die Kirche durch eine Mauer. Diese ist als seltenes historisches Zeugnis hier, ebenso wie in der Neustadter Stiftskirche, heute noch zu sehen. Während der katholische Teil dem Barockstil treu ist, offenbart der evangelische Teil einen spannenden Stilmix, der viele Entdeckungen bietet. Wer dies Kleinod mit Geschmack unterstützen will, kann den Kirchenwein erstehen, den das renommierte Wachenheimer Weingut Dr. Bürklin-Wolf in der Ringstraße dem Förderkreis der Kirche jährlich zur Verfügung stellt. Die spätgotische Ludwigskapelle neben der Kirche gehört der weltlichen Gemeinde und wird für Hochzeiten und kulturelle Veranstaltungen genutzt. Informationen über den Ort und die Region erhält man gleich um die Ecke am „Wachhaisl", dem im klassizistischen Stil erbauten Wach- und Spritzenhaus in der Weinstraße. In Wachenheim lohnt ein Spaziergang entlang der einst 1200 Meter langen und neun Meter hohen Stadtmauer inklusive Diebsturm, einem Gefängnis. Oder man marschiert hoch zur Wachtenburg, die von Weitem das Ortsbild prägt und den besten Blick auf den Ort bietet, Burgschänke inklusive.

TIPP

Einen der besten Saumagen an der Weinstraße gibt es bei der vielfach ausgezeichneten Metzgerei Hambel in der Hintergasse.

- Marktplatz mit Sankt Georgskirche, Weinstraße 28, 67157 Wachenheim www.wachenheim.de
- ÖPNV: ab Bf Neustadt oder Bad Dürkheim RB45 nach Bf Wachenheim, Fußweg ca. 10 Minuten

Prickelnder Genuss

59 Sektkellerei Schloss Wachenheim

Liebhaber hochwertiger Schaumweine kommen an der Deutschen Weinstraße voll auf ihre Kosten. Unter den guten Anbietern nimmt die Sektkellerei Schloss Wachenheim eine Sonderstellung ein. Hier kann man in den Sommermonaten im wunderschönen großen Innenhof inmitten Wachenheims historischer Altstadt die Seele baumeln lassen, inklusive prickelndem Zungen- und Gaumenvergnügen bei einem leckeren Crémant oder einem alkoholfreien Sparkling Rosé. An Regentagen lädt die stimmungsvoll eingerichtete Genießerlounge zum Verweilen ein. Ein Zierbrunnen im Hof erinnert an Dom Perignon, den legendären Erfinder des Champagners, der nicht nur 007-Fans bekannt sein dürfte. Das Palais mit Festsaal steht für Events und Konzerte bereit. Blickfang im Hof ist das alte Herrenhaus der Schlossanlage. Das Areal mit Schlossgarten wurde seit 1341 als Adelssitz genutzt. Um 1725 wurde der Komplex dann im Barockstil umgebaut. Als der Weinhändler Georg Böhm 1880 das Hofgut erwarb, verwandelte er das Gelände in eine Schaumweinfabrik. Der findige Böhm meldete 1886 das Patent an, Schaumwein im Fassgärungsverfahren herzustellen. Daraufhin wuchs ein Unternehmen heran, das heute durch Fusionen eines der bedeutendsten in der Schaumweinherstellung weltweit ist.

TIPP

Empfehlenswerte Sektgüter sind auch Wilhelmshof Siebeldingen, Heim in Neustadt oder Winterling in Niederkirchen.

Von der Qualität der Sekte überzeugen kann man sich durch eine Probe in der Lounge oder im Rahmen einer Kellereiführung, die man sich nicht entgehen lassen sollte. Blickfang im historischen Gewölbekeller sind die Fässer, Flaschen und die typischen Rüttelpulte, in denen Sektflaschen gelagert und regelmäßig bewegt werden. Warum das getan wird? Hier unten, wo erlesene Grundweine zum Sekt heranreifen, wird man natürlich in die Geheimnisse der traditionellen Herstellung des perlenden Genusses eingeweiht. Im Anschluss findet man im Shop seinen Lieblingssekt, Utensilien zum Sektgenuss sowie handgefertigte Sektpralinés. Wer den Genuss verlängern will, dem sei das Restaurant Cuvée 1888 vor der Hofeinfahrt empfohlen, das an die Sektkellerei angeschlossen ist.

- Schloss Wachenheim, Kommerzienrat-Wagner-Straße 1, 67157 Wachenheim, Tel. (0 63 22) 9 42 73 80, www.schloss-wachenheim-pfalz.de
- ÖPNV: ab Bf Neustadt oder Bad Dürkheim RB45 nach Bf Wachenheim, ca. 5 Minuten

8
9280 L
Sektflasche 9 L
Salamansar

Groß, größer, am größten

60 Riesenfass und Wurstmarkt in Bad Dürkheim

Bad Dürkheim, auf Pfälzisch Dergem, ist ein Ort der Superlative. Hier gibt es unübersehbar das größte Weinfass der Welt. Der Küfermeister und Winzer Fritz Keller hatte es 1934 gebaut, um dem Wein seiner Heimat ein originelles Denkmal zu setzen. 200 rund 40 Meter hohe Tannen wurden dafür im Schwarzwald gefällt. 1,7 Millionen Liter könnte das Riesenfass mit seinen 13,5 Metern Durchmesser aufnehmen, wenn es dafür gebaut worden wäre. Damit ist es wesentlich größer als das bis dato größte Weinfass der Welt im Heidelberger Schloss, das nur rund 220.000 Liter aufnehmen kann. Doch während das in Heidelberg bereits gefüllt war, dient das Dürkheimer Fass als Blickfang und gleichzeitig als originelles Restaurant.
Think Big – das ist aber auch das Motto des jährlichen Wurstmarktes, der rund um das Riesenfass stattfindet. Er gilt als das größte Weinfest der Welt und zählt zu den ältesten Festen dieser Art. Seit dem Jahr 1417 findet er jährlich Mitte September statt, aus Anlass einer Wallfahrt zum beschaulichen Michelsberg mit seiner Kapelle. Bauern und Winzer brachten damals mit Schubkarren Wein und mehr zu den Wallfahrern. Daran erinnern heute die sogenannten Schubkärchler, die 36 Weinstände mit Sitzplätzen. Bereits 100 Jahre nach seiner Gründung zog der Wurstmarkt alle Zünfte an, die hier ihre Waren feilboten. Anfänglich auf ein Wochenende beschränkt, dauert das Fest heute neun Tage. Es lockt mehr als 600.000 Besucher jährlich in die rund 18.000 Einwohner zählende Stadt. Ein kulturelles Angebot mit viel Musik und Mundart ergänzt die Verkaufs- und Fahrgeschäfte. Der Wein spielt hier die Hauptrolle, wobei die Organisatoren auf Qualität und Ausgewogenheit achten. Alle angebotenen Weine und Sekte müssen im aktuellen Jahr prämiert sein. Gerne trinkt man aber auch für den Durst aus dem Pfälzer Dubbeglas einen Schoppen mit sauer gespritztem Riesling, in der Pfalz ein halber Liter. Übrigens: Sießschorleschlotzer, also jemand, der Weinschorle mit süßem Sprudel trinkt, gilt hier als Schimpfwort.

- Dürkheimer Fass, Sankt-Michaels-Allee 1, 67098 Bad Dürkheim, Tel. (0 63 22) 21 43, www.bad-duerkheim.de/kultur-tourismus
- ÖPNV: ab Bf Mannheim Straßenbahn 9 (Rhein-Haardt-Bahn) bis Bf Bad Dürkheim, Fußweg ca. 10 Minuten durch den Kurpark

Dürkheimer Riesenfaß
Inhalt: 1.700.000 ltr.

Salzvergnügen

61 Saline und Salinarium in Bad Dürkheim

Salz heilt. Daher reisen viele ans Meer. Doch warum in die Ferne schweifen, wenn Bad Dürkheim doch so nahe liegt. In dem Ort werden seit rund 600 Jahren salzhaltige Quellen genutzt, alles begann also zu einer Zeit, als Salz noch als weißes Gold gehandelt wurde. Gleich mehrere Gradierwerke, Salinen genannt, gab es hier. In ihnen wurde salzhaltiges Wasser über Reisigbündel geleitet, wo sich dann das Salz sammelte. Eine rund 18 Meter hohe Saline zeugt noch von dieser Tradition. Mit 333 Metern ist sie eine der längsten Deutschlands.

Der um 1850 errichtete Bau wurde nach einem Brand 2010 im neuen Glanz wiedereröffnet. Sein Nutzen liegt heute weniger in der Salzgewinnung. Die salzhaltigen Tropfen vermengen sich mit der Umgebungsluft und kühlen sie spürbar. Ein Salzspaziergang um den Bau oder das entspannte Sitzen direkt an der Saline wirken beim Inhalieren positiv auf Bronchien und Lunge. Seit über 100 Jahren ist man hier daher auf Gesundheitstourismus eingestellt und erhielt sogar den Titel Staatsbad. Vor allem die Städter der nahen Industriemetropolen kommen mit der Rhein-Haardt-Bahn nach Bad Dürkheim zur Saline gefahren. Überhaupt ist der Aufenthalt am neu gestalteten Bachlauf ein Erlebnis, besonders im Sommer, denn es gibt für Kids viele Spielmöglichkeiten und als Anschauungsmaterial die ausgestellten Isenach-Wasserräder sowie Erläuterungen zum Bau und zur Funktion eines Gradierwerks.

Wer sein Schwimmzeug dabeihat, kann gleich noch das Salinarium um die Ecke besuchen. Das Schwimmbad mit Außen-Sole-Becken verspricht bei einer Wassertemperatur von 30 Grad Celsius Entspannung pur, die durch die Saunalandschaft über mehrere Ebenen gesteigert wird. Wer sich noch mehr Gutes tun möchte, besucht die Salzgrotte in der Kurgartenstraße, wo nicht nur eigens produziertes Salz, sondern auch Himalaya- und Totes-Meer-Salz auf den Besucher warten. Wer dann genug Erholung hatte, kann das Kurhaus besuchen. Wo einst das Barockschloss der Leininger Herrscherfamilie stand, findet sich ein Gebäude im klassizistischen Stil mit mediterranem Park und Restaurant.

TIPP

Im Kurpark gibt es ein Casino mit dem größten Roulette der Welt.

- Gradierbau, Salinenstraße 17, 67098 Bad Dürkheim
www.bad-duerkheim.de/kultur-tourismus
- ÖPNV: ab Bf Mannheim Straßenbahn 9 (Rhein-Haardt-Bahn) bis Bf Bad Dürkheim, Fußweg ca. 10 Minuten durch den Kurpark

Steinbrüchiges Idyll

62 Kriemhildenstuhl über Bad Dürkheim

Ob die sagenumwobene Kriemhild je diesen wundervollen Ausblick genossen hat? Worms jedenfalls, wo die Nibelungensage mit Held Siegfried und seiner rachsüchtigen Gemahlin spielt, liegt in Sichtweite. Der Name des Steinbruchs stammt aber aus späterer Zeit. Weithin sichtbar strahlt dessen heller, quarzhaltiger Sandstein in die Rheinebene hinein. Der Kästenberg, aus dem der Kriemhildenstuhl herausgeschlagen wurde, lässt sich zu Fuß oder per Rad erklimmen. Man folgt dem Panoramaweg des Drachenfelsclubs, der am Dürkheimer Riesenfass beginnt. Er überwindet 150 Höhenmeter und führt dabei durch einen hellen Mischwald aus Kastanien, Kiefern und Buchen. Oben wartet ein idyllischer Glücksort. Kaum sattsehen kann man sich an dem herrlichen Rundumblick und an den vielen Details, die die terrassenförmig bearbeitete Felswand bietet.

Das Areal gilt als der besterhaltene Römersteinbruch nördlich der Alpen. Um das Jahr 200 n. Chr. wird datiert, was seit 1884 in mehreren Ausgrabungen freigelegt wurde, dokumentiert im Bad Dürkheimer Stadtmuseum. In Stein gemeißelte 37 Felsbilder und acht Inschriften senden uns Grüße der römischen Arbeiter und Soldaten von damals. Sie gehörten der in Mainz stationierten 22. Legion an, was deren Legionsabzeichen, der Steinbock, verrät. Legionäre waren eben nicht nur Kämpfer, sondern auch pfiffige Bauarbeiter. Über Transportrillen wurden bis zu drei Meter lange Steinblöcke ins Tal geschafft, um daraus Befestigungsanlagen, Tempel oder Bauernhöfe wie in Wachenheim oder Ungstein zu bauen. Einblick in die Details und was es heute mit dem Idyll auf sich hat, bieten leicht lesbare Schautafeln auf dem Gelände.

Wer mag, kann weiterwandern, um die höhergelegene Heidenmauer zu erkunden. Dieser Ringwall aus dem 5. Jahrhundert v. Chr. bot einst einer keltischen Siedlung Schutz. Wer jedoch genug vom Kraxeln hat, kann sich am Kriemhildenstuhl auf den Sitzplätzen oder auf einer mitgebrachten Decke zu einem gemütlichen Picknick niederlassen, Heldinnenblick inklusive.

● Startpunkt Riesenfass, Sankt-Michaels-Allee 1, 67098 Bad Dürkheim
www.drachenfelsclub.de/plaetze-und-anlagen/panoramaweg.html
www.drachenfelsclub.de/plaetze-und-anlagen/kriemhildenstuhl.html
● ÖPNV: Bf Bad Dürkheim, Fußweg zum Riesenfass ca. 15 Minuten, wo der Wanderweg an der Touristinfo ausgewiesen ist

Einfach mystisch

63 Klosterruine Limburg

Die Ruine des Benediktinerklosters Limburg, einer der mystischsten Orte entlang der Deutschen Weinstraße, liegt auf einer Anhöhe hinter Bad Dürkheim. Von der dreischiffigen romanischen Basilika aus rotem Buntsandstein ist zwar nur noch wenig zu sehen, aber das ist genug, um eine fantastische Kulisse für den sogenannten Limburgsommer abzugeben, der mit Konzerten, Literaturevents, Theater- und Opernaufführungen im alten Gemäuer ein unvergessliches Erlebnis bereithält. Selbst standesamtliche Hochzeiten können hier oben gefeiert werden. Aber auch sonst bietet der Komplex vieles, was es zu entdecken gilt: Teile der großen Kirchtürme, des Kreuzgangs, des Refektoriums, des Kapitelsaals, die rekonstruierte Krypta sowie das Grab von Königin Gundhild, Gemahlin von Kaiser Heinrich III., aus dem Jahr 1038. Just in diesem Jahr wurde hier oben Geschichte geschrieben. Hier tagte nämlich unter der Aufsicht von Kaiser Konrad II. eine Zusammenkunft hoher Kirchenleute, die eine wichtige Frage zu lösen hatten: Dem Kaiser war nämlich aufgefallen, dass der Advent im Reich unterschiedlich gefeiert wurde. Es wurde entschieden, dass der Advent nur vier Sonntage haben soll. So liegt der erste Advent seither nicht vor dem 27. November und nicht nach dem 3. Dezember – bis heute.

TIPP

Das Stadtmuseum Bad Dürkheim im Haus Catoir in der Römerstraße bietet einen Überblick über die Geschichte der Region.

Wie bedeutend das Kloster war, zeigt auch, dass hier der Kaiser Krone, Zepter, Schwert und Reichsapfel zeitweise aufbewahren ließ. Erdbeben und schließlich ein Krieg zwischen den hier herrschenden Leiningern und den Kurpfälzern führte 1504 zur Zerstörung des Klosters. Die Ruine diente lange als Steinbruch, bis man sich der Bedeutung des Ortes wieder bewusst wurde. Neben den beeindruckenden Mauern und der Kultur lockt die Klosterschänke Konrad2 durch ihr Angebot an feinen Weinen und guten Speisen Gäste hier hinauf. Der Wein- und Biergarten der Gaststätte liegt im Bereich des Refektoriums, also des alten klösterlichen Speiseraums. In dieser Kulisse lässt sich meditativ speisen und man ist hier oben ein Stück weit dem Himmel näher.

- Ruine Limburg mit Klosterschänke, Luitpoldweg 1, 67098 Bad Dürkheim www.bad-duerkheim.de/kultur-tourismus
- ÖPNV: ab Bf Bad Dürkheim Bus 486 oder 490, Haltestelle Haidfeldweg

Der Natur auf der Spur

64 Pfalzmuseum für Naturkunde in Grethen

Naturfans kommen hier auf ihre Kosten. Das Pfalzmuseum für Naturkunde im Bad Dürkheimer Ortsteil Grethen liegt mitten im Biosphärenreservat Pfälzerwald. Es wurde 1981 am Herzogweiher, einem Stausee der Isenach, neu eröffnet. Jung und Alt finden hier alles rund um den Lebensraum in der Region. Heimische Tiere und Pflanzen, Gesteine und Mineralien sowie Naturschutzthemen und die brennende Frage nach dem ökologischen Zusammenhang von Klima und Mensch werden hier bedacht. Die Ausstellung entführt auch in die Vorzeit und gibt anschauliche Einblicke in die Erdentwicklung der Region. So lag die Deutsche Weinstraße einst am Äquator. Plastische Darstellungen und große Objekte beeindrucken, beispielsweise der Skelettabguss eines eiszeitlichen Auerochsen nebst Nashorn-, Mammut- und Riesenhirschknochen aus der Pfalz. Auch zu sehen ist ein Abguss des 1869 in der Pfalz niedergegangenen Krähenberg-Meteoriten. In der Dauerausstellung wechseln sich Landschafts- und Begegnungsräume ab. Erstere zeigen die typischen Pfälzer Landschaften, Letztere spiegeln das Verhältnis des Menschen zur Natur wider. Natürlich wird auch das Thema Elwetritsche, die pfälzischen Fantasiewesen, aufgegriffen – rein wissenschaftlich versteht sich.

Die Sammlungen, auf denen die Ausstellungen des Museums fußen, gehören dem 1840 gegründeten POLLICHIA-Verein für Naturforschung und Landespflege, heute einer der größten deutschen Naturkundevereine. Neben der Dauerausstellung werden regelmäßig Sonderausstellungen zu unterschiedlichen naturkundlichen Themen im Museum präsentiert, die in einem umfangreichen museumspädagogischen Programm an Menschen jeden Alters vermittelt werden. Nach dem Besuch kann man im Museumsgarten entspannen oder etwas weiter an der Isenach entlang zum Forsthaus am Isenachweiher fahren. Das Blockhaus bietet einen schönen Biergarten und liegt romantisch an einem alten Stausee, der mit 250 Jahren der älteste in Deutschland sein soll. Den kann man bei einem Spaziergang umrunden oder auf ihm paddeln.

- Pfalzmuseum für Naturkunde, Kaiserslauterer Straße 111, 67098 Bad Dürkheim, Tel. (0 63 22) 9 41 30, www.pfalzmuseum.de
- ÖPNV: ab Bf Bad Dürkheim Bus 485, Haltestelle Herzogweiher/Pfalzmuseum

JURA
Ammonit

Cäsarengefühl

65

Römisches Weingut Weilberg in Ungstein

Trauben, Feigen und Kastanien haben die Römer einst in die Region gebracht. In fast jedem Dorf entlang der Deutschen Weinstraße finden sich ihre Spuren. So wird man auch im Edelweinort Ungstein, auf Pfälzisch Ungschtää, gleich am Kreisel mit einem riesigen Stahl-Römer im Traubentretbecken begrüßt. Der Ort bietet nämlich den römischen Gutshof Weilberg, ein kostenfreies Open-Air-Museum inmitten der Weinberge. Der Panoramablick über die Mauern- und Säulenreste am Südhang des rund 150 Meter breiten Herrenhauses in Richtung Bad Dürkheim erzeugt zu jeder Tageszeit ein Glücksgefühl. Gleichzeitig erinnert er an die Vergänglichkeit der Macht. Welche Dimension dieses Weingut hatte, zeigt alleine das Bad der Villa, das über 100 Quadratmeter groß war. Der Toilettenbereich mit Säulenblick steht noch einladend zum Probesitzen bereit. Hier trifft man täglich auf Dr. Fritz Schumann, der die Ausgrabungen mitinitiierte und als Ungsteiner nach seinem Weilberg schaut. Ausgestattet mit Fußbodenheizung, einem Badeparadies mit warmem, lauwarmem und kaltem Wasser sowie einem riesigen Pferdestall bot das bis ins 4. Jahrhundert genutzte Anwesen alles, was das Römerherz begehrte. Eine Besonderheit ist das Kelterhaus, in dem demonstriert wird, wie Wein im Tretbecken hergestellt wurde.

TIPP

Eine Lamawanderung führt um das römische Weingut (www.lama-wandern.de).

Beim jährlich im Juni stattfindenden Weinfest an der Römerkelter dürfen gewandete Legionäre hier in ihren Zelten nächtigen. Sie erinnern daran, dass Julius Caesar bereits 50 v. Chr. am nahen Rheinufer ankam und 70 Jahre später hier der Gutshof errichtet wurde. Weil es kriegerische Zeiten waren, findet sich im Ortskern von Ungstein auch ein Burgus, eine römische Festung. Gut verbinden kann man den Besuch mit der nahen, rund 2000 Quadratmeter großen Villa Rustica in Wachenheim, ebenfalls ein Freilichtmuseum mit Informationstafeln. Beide römischen Landgüter wurden fast zeitgleich um 1980 freigelegt. Verbunden sind sie durch den Römer-Rundwanderweg Deutsche Weinstraße, der idyllisch durch die Weinberge führt.

● Römisches Weingut Weilberg, Weinstraße, 67098 Bad Dürkheim-Ungstein, Tel. (0 63 22) 45 00
www.pfalz-info.com/roemer-rundwanderweg-an-der-deutschen-weinstrasse
● ÖPNV: ab Bf Bad Dürkheim, Bus 453, Haltestelle Ungstein, Honigsäckel, Fußweg 5 Minuten

Heldenpanorama

66 Von Leistadt zum Bismarckturm

Der höchste Aussichtsturm an der Deutschen Weinstraße, ja sogar in der Pfalz, ist der Bismarckturm über Leistadt. 1903 aus Buntsandstein erbaut, steht er auf dem Gipfel des 497 Meter hohen Peterskopfes. Der Turm erinnert an den Kanzler der Kaiserzeit, wie rund 250 gleichnamige Denkmäler. 158 Stufen führen hinauf zum Mittel- und Oberbau, jeweils mit Aussichtsplattform. Der Blick schweift über das wellige Grün des Pfälzerwaldes zur Rheinebene. Bei klarem Wetter kann man über die Industriemetropolen Ludwigshafen und Mannheim hinweg bis in den Odenwald und manchmal auch bis zum Taunus schauen.
Zum Turm hinauf geht es über breite Wanderwege. Empfehlenswert ist es, schon in Leistadt zu starten. Ausgangspunkt sollte das sehenswerte, um 1750 erbaute Barock-Rathaus mit viergeschossigem Glockenturm sein. Seine verspielte Bauweise verdankt es dem Ertrag guter Weinernten. Rund drei Kilometer geht es hinauf zum Forsthaus Lindemannsruhe. Wer sich diese Strecke sparen möchte oder nicht gut zu Fuß ist, kann gleich den Wanderparkplatz des Forsthauses ansteuern. Von dort aus ist alles gut ausgeschildert, denn hier kreuzt auch der Pfälzer Weinsteig, eine Wanderstrecke entlang der Deutschen Weinstraße.
Der von Westen kommende Rundweg 9 führt in rund 30 Minuten ohne große Steigungen zum Turm hinauf. Es geht durch einen Mischwald, der im Herbst Esskastaniensammler anlockt. Zurück kann man den Weg über den Geiersbrunnen nehmen. Anspruchsvoller ist der Weg vom ostwärts liegenden Forsthaus Weilach, der rund 80 Minuten auf dem Rundweg 4 nach oben führt. Dort passiert man die Dürkheimer Hütte im Weilachtal, die vom Pfälzerwaldverein betrieben wird. Empfehlenswert sind Abstecher zum Heidenfelsen oder zum Rahnfelsen. Kräfte sammeln kann man am Ende der Tour im Forsthaus Lindemannsruhe. Es gibt hier zwar keine Fernsicht, doch das mit Holz verkleidete Gebäude sieht urig aus und bietet einen großen Biergarten zur Erholung und zum leckeren Speisen sowie einen Streichelzoo mit Zwergziegen für die Kleinen.

- Ab Rathaus Leistadt, Hauptstraße 15, 67098 Bad Dürkheim
- ÖPNV: ab Bf Bad Dürkheim Bus 488, Haltestelle Lindemannsruhe

Lagenreich

67 Der Saumagenplatz in Kallstadt

Hat sich der Ort tatsächlich dem Pfälzer Leckerbissen verschrieben? Der Saumagen, der aus einem mit Schweinefleisch, Brät und Kartoffeln gefüllten und gekochten Schweinemagen besteht, ist jedoch nicht der Namensgeber des Platzes, sondern eine berühmte Weinlage. Der Saumagenplatz ist Ortsmittelpunkt und bietet einen überdachten Ruheort für Reisende sowie anschauliche Informationen zum Weinanbau der Region. Eingebettet zwischen einer historischen Kelter und einem Fasswagen werden auf Tafeln die Zusammensetzung des Bodens und dessen Einfluss auf den Wein beschrieben, mit großen durch Glas geschützten Bodenflächen. Dabei wird erläutert, was Weinkenner unter Terroir verstehen: das Zusammenwirken der Arbeit des Winzers, des vorhandenen Klimas und des Bodens, der der Rebe Halt, Nährstoffe und Wasser bereitstellt. Eine Karte zeigt die unterschiedlichen Böden Kallstadts, auf denen verschiedenste, gleichzeitig aber qualitativ hochwertige Weinsorten angebaut werden können. Es gibt Lagen aus Sandstein, Lehm sowie Löss aus urgeschichtlicher Zeit, als der Oberrhein noch ein Meer war.

Auf solche Weise informiert, folgt man dem Saumagenweg mit entsprechendem Logo und kann einen Weinbergspaziergang unternehmen. Zurück am Saumagenplatz hat man Gelegenheit zu verschnaufen und über berühmte Kallstadter zu sinnieren. So stammen die Vorfahren von Ex-US-Präsident Donald Trump sowie der Gründer der Ketchup-Dynastie Henry John Heinz aus diesem beschaulichen Ort. An der Orgel der Sankt Salvator-Kirche mit ihrem spätgotischen Turm hat übrigens einst der erste Bundespräsident Theodor Heuss den Blasebalg getreten. Gleich daneben liegt auch die regionale Tourist-Information, die Hinweise und Ausflugstipps für die Region bietet. Höhepunkt des Jahres ist in Kallstadt die Kirchweih, die natürlich Saumagenkerwe heißt und Anfang September stattfindet. Und probieren kann man den Saumagen in Kallstadt natürlich auch: Im Saumagenkeller in der Weinstraße oder in der Saumagenstube in der Hebengasse.

TIPP

Empfehlenswert ist die Winzergenossenschaft mit Winzerstube Weick in der Weinstraße.

- Saumagenplatz, 67169 Kallstadt
- ÖPNV: ab Bf Bad Dürkheim Bus 453, Haltestelle Kallstadt, Kirche

Genuss mit Weitblick

68 Vinotheken in Herxheim am Berg

Der höchste Punkt entlang der Deutschen Weinstraße bietet einen grandiosen Weitblick. Von unten her über rosenbestückte Weinberge betrachtet, erkennt man die exponierte Lage von Herxheim am Berg, auf Pfälzisch Herxe. Zwei Vinotheken liegen besonders aussichtsreich am Hang: AlexWeinLounge, die zur Winzergenossenschaft gehört, sowie die des Weingutes Schumacher. Letzteres liegt im Gemäuer einer ehemaligen Zisterzienser-Klosteranlage. Der ummauerte Garten, das Herrenhaus und ein 600 Jahre alter Gewölbekeller bieten Besuchern besondere Erlebnisse. Einen vollkommen anderen Charakter hat die moderne Vinothek der Winzergenossenschaft. In ihr sind rund 50 Weingüter der lagenverwöhnten Region verbunden und arbeiten gemeinsam an der Herstellung und Vermarktung der Rebenerzeugnisse. Eine Leidenschaft wird für Burgundersorten empfunden, doch die Lagen Honigsack, Himmelreich, Kirchenstück, Liebesbrunnen und Morgenröth rund um Herxheim am Berg und Dackenheim bieten mehr. Vom Riesling bis zum Merlot werden viele Sorten ausgebaut. Weitsichtig war die Genossenschaft auch beim Bau der modernen Vinothek, denn es wurden dafür Materialien aus der Weinherstellung verwendet. Der Sandstein erinnert an Weinberg-Markierungen, das Eichenholz an Fässer und die Stangen an die Rankhilfen für Reben. Weil im Weinbau Licht entscheidend ist, ist der Innenraum von AlexWeinLounge lichtdurchflutet mit Blick auf die Weinberge. Ab dem Frühjahr bietet eine große Außenterrasse den Weitblick pur.
Kellerführungen und Weinverkostung sind bei beiden Vinotheken möglich. Regelmäßig lädt die Winzergenossenschaft auch zu Events ein, beispielsweise zu Comedy-Spaß im Weinglas. Wer schon einmal im Ort Herxheim am Berg ist, sollte dessen Wahrzeichen besuchen. Die Jakobskirche mit ihrem 1014 erbauten Turm ist einer der ältesten Sakralbauten der Pfalz. Deren Glockengeschichte neuerer Zeit, die dem Ort internationale Schlagzeilen bescherte, wird auf einer Tafel erläutert. Der angrenzende Schlossgarten lädt im Anschluss zum schattigen Blick über die Ebene ein.

● AlexWeinLounge, Weinstraße 1, 67273 Herxheim am Berg, Tel. (0 63 53) 9 32 56 30, www.alexweinlounge.de; Weingut Schumacher, Hauptstraße 40, 67273 Herxheim am Berg, Tel. (0 63 53) 9 35 90, https://weingutschumacher.de
● ÖPNV: ab Bf Bad Dürkheim oder Frankenthal RB45 und 46, Haltestelle Herxheim am Berg, Fußweg ca. 12 Minuten

Hochprozentig

69 Brennerei Sippel in Weisenheim am Berg

Wer Mitbringsel von der Deutschen Weinstraße sucht, findet auch hochprozentige. Bei der Wein- und Saftherstellung bleibt nach dem Auspressen der Trauben Trester übrig. Daher gibt es viele Brennereien in der Region, die sich die Produktion des Tresterschnapses auf die Fahne geschrieben haben. Manche nutzen ihre Anlagen aber auch für mehr. Bestes Beispiel ist die Destillerie Sippel in Weisenheim am Berg, auf Pfälzisch Weisrem. Ihr Ursprung ist ein traditionelles Weingut, das immer noch zu den besten im Ort zählt. Da man sich auf Merlot, Chardonnay, Sauvignon, Muskateller und Gewürztraminer spezialisiert hat, wird ein entsprechender Tresterbrand produziert. Doch der findige Meisterbrenner Thomas Sippel kam auf die Idee, seine Brennlust weiterzuentwickeln. So entstehen Pfälzer Premium-Edelbrände, bei denen die Rohstoffe Äpfel, Birnen, Mirabellen, Kirschen, Quitten und Pfirsiche aus der Region stammen und handverlesen verarbeitet werden.

Doch die Sippels setzten noch einen drauf: 2014 gründeten sie die Palatinatus Whisky-Destillerie. Palatina ist die lateinische Bezeichnung für Pfalz. Damit überraschten sie die Fachwelt, denn Whisky wird eher in den kornreichen Regionen der Pfalz wie zum Beispiel am Donnersberg hergestellt. Getasted wurde der Palatinatus Single Malt erstmals öffentlich im Jahr 2016, mit Bürgermeister und Weinprinzessinnen. Der Versuch mündete in einer heißen Liebe zum Getränk, die 2018 mit dem überraschenden Sieg bei der 20. Internationalen Whiskymesse gekrönt wurde. Ein sechs Jahre alter, im Eichenfass gereifter Single Malt wurde unter 50 eingereichten Proben zum besten Whisky Deutschlands gekürt. Wer sich von der Qualität des hier produzierten Whiskys, Gins, Obstbrands und Tresterschnapses selbst überzeugen möchte, kann dies im Weisenheimer Verkaufsraum tun, der stilvoll eingerichtet ist. Der liegt übrigens gleich um die Ecke des ältesten Gebäudes von Weisenheim am Berg, der mit mittelalterlichen Wandmalereien ausgestatteten protestantischen Kirche.

TIPP

Eine alte Synagoge zeugt vom früher reichen jüdischen Leben in der Region.

- Destillerie Thomas Sippel, Bobenheimer Weg 2, 67273 Weisenheim am Berg, Tel. (0 63 53) 9 30 46, www.destillerie-sippel.de
- ÖPNV: ab Bf. Bad Dürkheim Bus 453, Haltestelle Weisenheim am Berg, Gemeindehaus

Palatinatus
WHISKY
SINGLE MALT
French Limousin Oak
Spätburgunder
Singel Cask 2014
PALTARMOR
Palatinatus
WHISKY
SINGLE MALT
Palatinatus
WHISKY
SINGLE MALT
American Oak
Peated
2014
Palatinatus
WHISKY
SINGLE MALT
Sherry Pedro Ximénez
Single Cask
2014

Geschichtsträchtiger Gang

70 Stadtmauerwalk in Freinsheim

Seine filmreife Kulisse brachte Freinsheim, auf Pfälzisch Fränsm, den Vergleich mit Rothenburg ob der Tauber ein. Den Ort umspannt eine über einen Kilometer lange historische Stadtmauer, die es so nirgendwo sonst in der Region gibt. Die Sandstein-Ringmauer aus dem Spätmittelalter war einst acht Meter hoch und schützte die damals selbstbewussten Bürger. Der romantische Stadtmauerrundgang entlang schmaler Gassen bietet zu jeder Tages- und Nachtzeit ein stimmungsvolles Erlebnis. Im Sommer werden ab und zu in der Nacht Fackellichter angezündet, die dann das Ambiente in mystisches Licht tauchen.
Bis ins 19. Jahrhundert ließen nur das Haintor im Westen sowie das mächtige Eisentor im Osten Reisende in den Ort. Das Eisentor, das auch ein Handwerkermuseum beherbergt, ist Blickfang und Wahrzeichen Freinsheims. Erbaut wurde es 1514 durch die pfälzischen Kurfürsten, erkennbar am kurpfälzischen Wappen mit weiß-blauen Rauten und Löwe. Das Tor demonstriert unverkennbar Macht. Hier beginnt der Mauerrundgang Richtung Süden. Beim Hahnen- und Kanonenturm liegt der Hermann-Sinsheimer-Weg, benannt nach dem berühmten Schriftsteller, der hier aufgewachsen ist. An Sinsheimer erinnert Freinsheim durch einen überregional angesehenen Literaturpreis. Weiter geht es über Arkaden- und Mauerdurchgänge, vorbei an liebevoll angelegten Gärten. Der Herzogsturm wirkt besonders trutzig. Weil er rundum geschlossen war, wird hier ein ehemaliges Gefängnis vermutet. Über das Haintor erreicht man den Von-Busch-Hof, das kulturelle Zentrum des Ortes. Dort kann man entlang der weniger spektakulären Ringstraße der Mauer folgen oder durch die Haupt- und Herrenstraße mit ihren Geschäften schlendern. Hier liegen auch das historische Rathaus mit der Tourist-Information, ein sehenswertes Spielzeugmuseum und die protestantische Kirche mit romanischem Wehrturm. Ausspannen kann man dann in einem der Restaurants zwischen Rathaus und Eisentor oder im Barock- und Apothekergarten, der sich unweit des Eisentors befindet.

TIPP
Das Theader in Freinsheim (www.theader.de) bezeichnet sich selbst als das „vielleicht kleinste Theater der Welt".

- Ausgangspunkt Eisentor: Am Zwinger, 67251 Freinsheim
  www.stadt-freinsheim.de
- ÖPNV: ab Bf Bad Dürkheim oder Frankenthal RB45 und 46, Haltestelle Freinsheim, Fußweg ca. 12 Minuten

Ein Hauch von Süden

71 Hofgut Battenberg

Auf geradezu abenteuerliche Weise schlängelt sich der Weg hoch nach Battenberg. Der Ort liegt in Blickweite der Deutschen Weinstraße auf einem Gebirgsvorsprung, dem Leininger Sporn, der in die Rheinebene hineinragt. Dieser bot früher einen guten Schutz vor Angreifern, weshalb hier seit Neandertalerzeiten Menschen gelagert haben. Deren Werkzeuge und frühe Kunstgegenstände aus Quarzit wurden hier gefunden. An dieser aussichtsreichen Stelle liegt heute das Hofgut Battenberg. Der Komplex birgt eine Gutsschenke sowie ein kleines, feines Landhotel, mitten auf dem Gelände einer ehemaligen Burganlage. Die einst hier herrschenden Leininger hatten diese um das 12. Jahrhundert erbaut. Gut erhalten sind noch die Ringmauer, ein Geschützturm, das Tor- und Wohnhaus sowie Teile der Nutzgebäude.

Weinstraßenreisende sollten es nicht versäumen, einmal in den Burghof hineinzuschauen. Man erreicht ihn über einen wenig ausgebauten Weg, der beim Ortseingang gleich rechts beginnt. Der Hof bietet einen mediterranen Anblick, wie man ihn sonst nur aus Südfrankreich oder Italien kennt. Man sitzt zwischen Zypressen, Zitronenbäumen, Schmucklilien und Oleander und genießt seine Speisen und den Wein. Da sich von hier aus weit blicken lässt, wird die dem Hof angeschlossene Weinlounge „Aussichtsreich" genannt. Ausgeschenkt werden Weine aus dem eigenen Hofgut, mit dem Konterfei der Burg versteht sich. Die Gutsschänke präsentiert, der Umgebung angepasst, eine vielfältige Mischung aus regionaler und mediterraner Küche. Es gibt beispielsweise Leberknödel oder Pulpo, aber auch vegane Kreationen. Die Außenterrasse ist sicher die Hauptattraktion, doch lohnt auch bei schlechtem Wetter der Besuch. Dann sitzt man in der Remise der Burg, die ebenfalls ein spannendes Ambiente bietet. Wer im Hotel übernachten möchte, kommt im ehemaligen Stroh- und Getreidelager der Burg unter, den heutigen Erfordernissen natürlich angepasst. Der atemberaubende Blick in die Rheinebene beim Aufwachen macht jedenfalls den Aufenthalt zu einem unvergesslichen Erlebnis.

- Hofgut Battenberg, Hauptstraße 1, 67271 Battenberg, Tel. (0 63 59) 96 10 0 www.hofgutbattenberg.de
- ÖPNV: ab Bf Bad Dürkheim oder Grünstadt Bus 453, Haltestelle Battenberg Ort, Fußweg ca. 5 Minuten

Burggrabenplanscherei

72

Das Freibad auf der Burg Altleiningen

Schon einmal bei den Rittersleuten geplanscht? Eine außergewöhnliche Schwimm-Location findet sich auf der Burg Altleiningen. Sie gehört zum gleichnamigen Ort, der zu ihren Füßen liegt, etwa zehn Kilometer abseits der Deutschen Weinstraße, ab Kirchheim Richtung Westen. Die mitten im Pfälzerwald thronende Burg wurde bereits 780 als Stammburg der Leininger erwähnt, des Fürstengeschlechts, nach dem der nördliche Teil der Deutschen Weinstraße benannt ist. Der Name Leininger geht zurück auf den Leinbaum, eine alte Bezeichnung für die Linde, die auch das Wappen der Adeligen ziert.

Zerstört wurde die Burg durch rebellierende Bauern und Franzosen. In den 1960er Jahren hat man den Schlosstrakt wieder aufgebaut und die Reste der Burgmauern in den Bau mit einbezogen. Die frühere Hängebrücke zur Burg wurde durch eine fest installierte ersetzt. Von dieser aus hat man den besten Blick auf das beheizte Schwimmbad, das sich im Burggraben auftut. Keine großen Badeattraktionen erwarten den Besucher, eher ein traditionelles Freibad mit Liegewiesen und klassischer Verköstigung. Doch wo hat man schon das Gefühl, dass einem von den Burgmauern aus ein Rittersmann oder ein Burgfräulein zuschaut? Allerdings residiert kein Adliger mehr auf der Burg. In die Mauern ist eine nobel renovierte und bestens mit Freizeitangeboten ausgestattete Jugendherberge mit 169 Betten eingezogen. Sie bietet Gruppen, Familien und Einzelreisenden eine preiswerte Herberge, für einen mehrtägigen Badeurlaub im Burggrabenschwimmbad oder für Ausflüge entlang der Deutschen Weinstraße. Welche Jugendherberge bietet schon einen Rittersaal als Speiseraum und eine Burgschänke mit einer Terrasse? Eine Besonderheit ist das Gewölbe des Burgkellers. Das beherbergt das wohl größte Vorkommen freilebender Fledermäuse in Deutschland. Zwar ist aus Artenschutzgründen der Zugang verwehrt, doch kriecht beispielsweise das Große Mausohr bereits am frühen Abend aus seinem Versteck. So kann jeder das Fledermausflattern rund um die Burg bestaunen.

TIPP

In der Ortsmitte von Altleiningen gibt es einen Brunnen aus dem Jahr 1600, der aus 20 Wasserröhren gespeist wird.

- Burg Altleiningen, 67317 Altleiningen, Tel. (0 63 56) 15 80 www.leiningerland.com
- ÖPNV: ab Bf Grünstadt Bus 454, Haltestelle Altleiningen Feuerwehr, Fußweg ca. 12 Minuten

Mühlengeklapper

73

Eckbach-Mühlen-Weg um Großkarlbach

Eine solche Anhäufung historischer Mühlen ist selten zu finden. Der bei Wanderern und Radlern beliebte Eckbach-Mühlen-Weg bietet 23 erhaltene Mühlen auf rund 20 Kilometern Weg. Empfehlenswert ist die Teilstrecke zwischen Groß- und Kleinkarlbach entlang dem offen fließenden Eckbach. Herz des Eckbach-Mühlen-Wegs ist das Dorf Großkarlbach. Dessen Alte Dorfmühle ist das Mühlenmuseum der Region, wo Wissenswertes zum Müllerhandwerk präsentiert wird. Mühlen dienten zur Unterstützung schwerer Arbeiten. Korn wurde zu Mehl gemahlen, aber auch Raps zu Öl für Speisen sowie für Lampenlicht. Es gab Walkmühlen, um Wollstoffe zu bearbeiten, Schleifmühlen für Werkzeuge und Waffen sowie Hammermühlen, die den Schmiedehammer stemmten. Das Mühlenmuseum von Großkarlbach ist eine wiederhergerichtete, mit Wasserkraft betriebene Getreidemühle. Als Bannmühle erinnert sie daran, dass Untertanen früher verpflichtet waren, ihr Korn nur hier mahlen zu lassen, was dem Grundherrn zusätzlich Einnahmen bescherte. Weitere Mühlen im Ort sind die Schlossmühle, die, wie der Name sagt, auf dem Areal eines ehemaligen Schlosses mit Mammutbaum liegt, die gut erhaltene Pappelmühle, die ehemals Öl herstellende Rheinmühle, die Heckmühle sowie die Papiermühle am Weiher.

Der nächste Haltepunkt ist Bissersheim mit drei Mühlen. Empfehlenswert ist hier die Rast mit Jause bei Knispers Halbstück in der Hollergasse. Entlang an Gärten und Wiesen erreicht man Kirchheim an der Weinstraße mit der Esels-, Kandel- und Ohligmühle sowie der alten gräflichen Leininger Mühle, benannt nach den Herrschern der Region. Dann geht der Weg weiter bis Kleinkarlbach, einem der schönsten Orte des Mühlenwegs, wo noch sechs der ursprünglich sieben Mühlen im Ort stehen: die Walk-, Wiesen-, Back-, Stroh-, Schleif- und Langmühle. Der Durchfluss des Eckbachs wurde hier besonders liebevoll angelegt und mit Blumen sowie alten Mühlsteinen geschmückt. Wer mag, kann von hier aus dem Eckbach-Mühlen-Weg oder dem Eckbach selbst bis zu seiner Quelle bei Altleiningen folgen.

TIPP

Im Caféhaus am Eckbach kann man die Tour bei leckerem Kuchen oder kleinen Gerichten ausklingen lassen.

- Mühlenmuseum Alte Dorfmühle, Kändelgasse 15, 67229 Großkarlbach, www.leiningerland.com/Wanderbroschuere_LL_Eckbach_Muehlen_Weg.pdf
- ÖPNV: ab Grünstadt Bf Bus 460/461 oder 498, Haltestelle Großkarlbach, Kirche

Dorfmühle
Anno 1605

Burgdorfromantik

74 Tour um Neuleiningen

Das Burgdorf Neuleiningen liegt malerisch auf einer Anhöhe über den Weinbergen. Für Reisende, die auf der höhergelegenen A 6 von Kaiserslautern aus hier vorbeirauschen, ist das Dorf der schönste Blickfang der Route. Neuleiningen würdigt man zunächst aus der Ferne. Von Kleinkarlbach aus hat man den besten Blick auf die Anhöhe und erkennt deren außergewöhnliche Lage. Wer unterhalb der Stadtmauer ankommt, sieht den mächtigen Diebsturm sowie Erker, die als früherer Abort gedeutet werden. Im Burgdorf selbst stehen eng beieinander Fachwerkhäuser und Kirche, beschützt von der Burg mit Graben und Zugbrücke. Seit dem 12. Jahrhundert war dies die Stammburg der Grafen von Leiningen, die sie zur stärksten Festung der Region ausbauten. Nach französischem Vorbild wurden hier die ersten Schießscharten im deutschen Raum installiert. Franzosen waren es allerdings auch, die 1690 im Pfälzischen Erbfolgekrieg der Burg den Garaus machten.

Im Burgmuseum kann das Leben hier anhand von Modellen, Werkzeugen, Waffen, Urkunden und Münzen erkundet werden. Dort wird auch die Erinnerung an Gräfin Eva wachgehalten. Sie hatte der Legende nach die Burg vor der Zerstörung im Bauernkrieg gerettet, indem sie das anrückende Bauernheer reichlich verköstigte. In der Kirche Sankt Nikolaus, einst Burgkapelle, entdeckt man noch die alte Grafenloge, von der aus die Leininger auf Prediger und Volk herabblickten. Ein Amtshaus aus dem 15. Jahrhundert lässt erkennen, dass der Ort teils auch den Wormser Bischöfen gehörte. Auf dem Marktplatz trägt ein Löwe deren Wappen. Zehntscheuer und Amtskellerei erinnern an Abgaben, die den Herren einst zugestanden haben. Eine weitere Besonderheit ist das Rathaus, das zuvor eine Synagoge war.

Einkehrmöglichkeiten gibt es nach der Besichtigung in der Burgschänke, wo man außen im Burggarten oder innen im Sandsteingewölbekeller besonders leckere Rindfleischspezialitäten genießen kann. Oder man lässt sich im Sternerestaurant Alte Pfarrey in der Untergasse verwöhnen.

- Parkplatz Berghohl, Tiefenbacher Straße, 67271 Neuleiningen
  www.neuleiningen.de
- ÖPNV: ab Bf Grünstadt Bus 454, Haltestelle Kreuz, Neuleiningen

Spitzenmäßig

75 VDP-Weingüter in Laumersheim

Beim Namen Verband Deutscher Prädikatsweingüter, kurz VDP, schnalzt mancher Weinkenner mit der Zunge. Am Siegel Adler mit Trauben sind dessen Mitglieder erkennbar, durch ein entsprechendes Empfangsschild oder an den Weinflaschen. „Bei uns sind alle mit Leidenschaft dabei und halten sich an sehr strenge Regeln, denn wir wollen Spitzenweine aus besten Lagen bieten", sagt der Präsident des VDP, Steffen Christmann aus Gimmeldingen. Unterschieden werden beim VDP Guts- und Ortslagen, Erste Lagen aus erstklassigen Böden mit langjähriger hoher Qualität sowie Große Lagen, die eng festgelegte hochwertigste Flächen bezeichnen. Im beschaulichen Laumersheim, auf Pfälzisch Laumersche, gibt es zwei bemerkenswerte VDP-Weingüter, die diese Lagenunterschiede anschaulich demonstrieren.

TIPP

Einen Rundblick über den Ort bietet die Heilig-Kreuz-Kapelle auf dem Palmberg.

Das Weingut Knipser wurde mehrfach von Zeitschriftenredaktionen mit dem Titel Winzer oder Weingut des Jahres ausgezeichnet. Geleitet wird es von Werner Knipser, seinem Bruder Volker und seinem Sohn Stefan in bald 150-jähriger Familientradition mit großem Erfahrungsschatz in Sachen Lagen und Anbaumethoden. Besonders die klaren Konturen der Knipser-Rieslinge, die am sandigen Kapellenberg angebaut werden, sind beliebt. Kalksteinhaltige Lagen hingegen nutzen die Spitzenwinzer für ihre Rot- und Burgunderweine. Auch alte Sorten werden wiederentdeckt, wie der gelbe Orleans, den wohl schon Karl der Große kannte. Weine verkosten kann man im Hof des Weingutes und in der modern eingerichteten Weinstube.

Der zweite VDP-Winzer in Laumersheim ist Philipp Kuhn. Basis seiner Weine sind die Laumersheimer Lagen Kirschgarten und Steinbuckel sowie der Kallstadter Saumagen und Steinacker. In den letzten Jahren auch international vielfach ausgezeichnet, bietet er in seiner Weinprobierstube sowie auf der Außenterrasse Gelegenheit, seine Weine zu testen. Wer mag, kann versuchen, beispielsweise den Unterschied zwischen dem Riesling Tradition als VDP-Gutswein und dem Riesling Trocken Steinbuckel der Großen Lage herauszuschmecken.

● Weingut Knipser, Hauptstraße 47–49, 67229 Laumersheim, Tel. (0 62 38) 7 42 www.weingut-knipser.de; Weingut Philipp Kuhn, Großkarlbacher Straße 20, 67229 Laumersheim, Tel. (0 62 38) 6 56, www.weingut-philipp-kuhn.de
● ÖPNV: ab Bf Frankenthal oder Bf Grünstadt Bus 461, Haltestelle Laumersheim, Kirche

WEINGUT
KNIPSER
VDP
MITGLIED IM VERBAND
DEUTSCHER PRÄDIKATS -
UND QUALITÄTSWEINGÜTER
Weinprobe
Montag - Freitag
Samstag

Schloss an Schloss

76 Denkmalzone Schlossplatz Dirmstein

Als Perle der Region gilt Dirmstein, auf Pfälzisch Dirmstää, und der Bereich rund um das Sturmfedersche Schloss als dessen Glanzstück. Hier findet sich auch die mit 80 Metern kürzeste Fußgängerzone Deutschlands, so behaupten es jedenfalls die Dirmsteiner. Das als Denkmalzone ausgewiesene Areal erinnert an die Zeit, als Dirmstein Zankapfel zwischen den Wormser Bischöfen und den Pfälzischen Kurfürsten war. Die Kirchenfürsten hatten hier ihre Sommerresidenz gebaut, doch unterstand der Ort bis 1705 teils auch den protestantischen Kurpfälzern.
Da sich viele Adelsfamilien hier niederließen, ist Dirmstein besonders reich an Schlössern und Herrenhäusern. Das Sturmfedersche Schloss ist sicher das pompöseste unter ihnen. Die Barock-Anlage wurde im 18. Jahrhundert mitten in den Ort gesetzt und prägt immer noch dessen Kern. In der Residenz sind heute Rathaus, Gemeindebücherei und die Musikschule untergebracht. Imposant ist das 1738 errichtete Hoftor mit dem streitbaren Engel Michael auf der Spitze. Der hält sein vergoldetes Flammenschwert den Teufeln entgegen. Der verschwendungssüchtige Schlossbauherr Freiherr Marsilius Franz Sturmfeder von Oppenweiler hatte damit wohl vornehmlich die Kurpfälzer gemeint, denen auch deftige Sprüche am Tor gelten. Ob sie davon beeindruckt waren? Jedenfalls überließen sie Dirmstein anno 1705 im Tausch gegen rechtsrheinische Gebiete ganz den Wormsern. Voll barocker Fülle ist daher der katholische Teil der ab 1742 erbauten Laurentiuskirche. Der berühmte Baumeister Balthasar Neumann hatte deren Entwürfe gezeichnet. Da es auch einen protestantischen Teil der Kirche gibt, darf verglichen werden, ob einem das Barocke oder das Nüchterne besser gefällt. Weitere Schlösser sind beim Gang durch den Ort schnell auszumachen: das barockrote Quadtsche Schloss oder das weiße Koeth-Wandscheidsche Schloss. Ursprünglich waren in Dirmstein einmal sieben englische Gärten angelegt, von denen noch der Schlosspark und der Kellerpark existiert. Hier kann man im Anschluss an die Besichtigungen seine Seele sich entspannen lassen.

- Sturmfedersches Schloss, Marktstraße 4, 67246 Dirmstein
www.dirmstein.de
- ÖPNV: ab Bf Frankenthal Bus 460, Haltestelle Dirmstein, Kirche

Genussradeln

77 Der Premiumradweg Deutsche Weinstraße ab Grünstadt

Für Radreisende gilt die Strecke von Schweigen-Rechtenbach bis Bockenheim als eine der schönsten der Republik. Der Radweg Deutsche Weinstraße führt rund 100 Kilometer durch hügelige Weinberglandschaften mit Blick in die Rheinebene und auf das Grün des Pfälzerwaldes. Er verläuft auf befestigten Radwegen meist neben der Straße oder durch die Weinberge auf Wirtschaftswegen. Manchmal teilt er sich in eine Hauptstrecke und eine anspruchsvollere Nebenstrecke, wie zwischen Grünstadt und Bad Dürkheim.

Gemeinsam führt der Weg zunächst an Sausenheim vorbei nach Kirchheim, wo sich die Tal- und die Panoramaroute teilt. Die Talroute, die mit einfacher Kondition machbar ist, bietet Alternativen und führt entweder über Dackenheim oder direkt nach Freinsheim, wo rund ums Eisentor die erste Rast eingelegt werden kann. Dann geht es weiter über Kallstadt oder direkt nach Ungstein und Bad Dürkheim. Die Panoramaroute, die gute Kondition oder Elektrounterstützung erfordert, führt ab Kirchheim parallel über das am Eckbach gelegene Kleinkarlbach in die Berggemeinden Bobenheim und Weisenheim am Berg, wenn möglich mit einem Abstecher nach Herxheim am Berg, nach Leistadt und Bad Dürkheim. Unterwegs kann man die Arbeit am Weinberg beobachten. Egal, welche Variante man wählt: Picknickplätze mit Holzbänken und Tischen in den Weinbergen, Dörfer mit Flair, Winzer mit Straußwirtschaft oder Vinotheken, rustikale Gaststätten oder anspruchsvolle Restaurants bedienen jeden Genusswunsch und laden zum Verweilen ein. Daher brettern nur wenige Radreisende die Strecke durch, sondern planen den Weg in Etappen, beispielsweise mit Übernachtung in Bad Dürkheim, Neustadt, Landau oder Bad Bergzabern. Mit der S-Bahn entlang der Strecke kann man die Etappen auch als Tagestouren genießen. Wer eine größere Radtour plant, kommt nach Bewältigung des Radweges Deutsche Weinstraße auf einer Parallelstrecke wieder zum Ausgangspunkt zurück, nämlich auf dem Kraut- und Rübenweg im flachen Ackerland oder auf dem Rhein-Radwanderweg mit vielen Bademöglichkeiten.

● Radweginfos: Martin-Luther-Straße 69, 67433 Neustadt, Tel. (0 63 21) 91 23 33, www.deutsche-weinstrasse.de/radweg-deutsche-weinstraße
● ÖPNV: Teilstrecke ab Bf Grünstadt

Weingräfinnen-Residenz

78 Museum Altes Rathaus in Grünstadt

Grünstadt ist Mittelpunkt des Leininger Landes, wie der nördliche Teil der Deutschen Weinstraße heißt. Der Name erinnert an ein altes Herrschergeschlecht, verwandt mit vielen Fürstenhäusern Europas. Seine Blüte erlebte Grünstadt, nachdem die Burgen Altleiningen und Neuleiningen in den Kriegen des 17. Jahrhunderts zerstört worden waren. Da Höhenburgen aus der Mode kamen, wählten die Grafen zu Leiningen den in der Ebene gelegenen Ort als Residenz. Die Schlossanlagen Unterhof und Oberhof zeugen von der barocken Pracht dieser früheren Tage. Auch die mittelalterliche Martinskirche, das Wahrzeichen der Stadt, wurde im Stil dieser Zeit umgestaltet.

Mehr über diese Zeit, die Leininger Fürsten sowie die Geschichte der Stadt erfährt man im Alten Rathaus von Grünstadt. Zentral in der Fußgängerzone gelegen, ist das Gebäude selbst ein Schmuckstück. In der Renaissancezeit um das Jahr 1600 erbaut, war der untere Teil einst eine offene Markthalle, wie es die Rundbögen ahnen lassen. Auf einer Freitreppe, die zu den oberen Räumen führte, ritt 1794 der spätere preußische Generalfeldmarschall Gehbard Leberecht von Blücher hinauf, um dem Volk eine flammende Rede gegen die französischen Revolutionstruppen zu halten. Heute wird das Gebäude als Sitzungssaal, Touristeninformation, Standesamt und eben als Museum genutzt. Betreut wird das Museum vom Altertumsverein, dessen Vorsitzender Joachim Specht mit Herzblut alles sammelt, was mit der Region zu tun hat. Angetan haben es ihm besonders Gemälde, die zeigen, wie die Stadt einst aussah und wer das Land regierte. Überdimensional ist im Treppenaufgang der Stammbaum der Leininger Grafen plakatiert. Aber auch was den Alltag hier prägte, wird im Museum bewahrt. Anschaulich werden so Grünstadter Druckerzeugnisse sowie Pfeiffenköpfe aus Steingut präsentiert, die einst weltweit bekannt waren.

Wie sehr die Leininger Zeit die Grünstadter noch prägt, erkennt man, wenn am dritten Juliwochenende das Weinfest gefeiert wird. Dann wird nämlich keine Weinkönigin, sondern die Weingräfin gekürt.

TIPP

Alla hopp!-Anlage mit Bewegungsparcours für Jung und Alt, beim Bahnhof Grünstadt, In der Haarschnur.

- Altes Rathaus, Hauptstraße 84, 67269 Grünstadt
  www.gruenstadt.de/sv_gruenstadt
- ÖPNV: Bf Grünstadt, Fußweg ca. 5 Minuten

Gruß aus Italien

79 Weinbergwanderung von Bockenheim nach Asselheim

Weinbergwanderungen an der Deutschen Weinstraße sind beliebt. Ein besonderes Erlebnis bietet die Strecke zwischen Bockenheim und Asselheim. Sie beginnt am Haus der Deutschen Weinstraße und führt den Philosophenweg hinauf in den Weinberg. Oben hat man einen wunderbaren Blick über Kindenheim auf den Donnersberg, die höchste Erhebung der Pfalz. Oberhalb Bockenheims geht es durch den Weinberg Richtung Süden. Man passiert ein romantisches Türmchen und entdeckt bald eines der schönsten Weinberghäuschen der Pfalz. Dieses und Ähnliche stammen von Wanderarbeitern aus Süditalien, die es im 18. Jahrhundert in die Region verschlagen hatte. Die Rundhütten aus Stein, in Italien Trulli genannt, werden ohne Mörtel errichtet als Schutz vor Regen oder Sonne. Vom Hüttchen am Wegesrand geht der Blick ins Rheinhessische. Die rauchenden Schornsteine in der Ferne stammen von der Zuckerfabrik Offstein inmitten von Rübenfeldern.

TIPP

Einkehren im Restaurant Scharfes Eck im Pfalzhotel Asselheim, Holzweg 6.

Auf dem Weg weiter nach oben trifft man auf die Heiligenkirche, eine Wallfahrtskapelle, vor der eine Quelle entspringt. Am sogenannten Katzenstein daneben soll einst ein vorchristlicher Kultplatz gelegen haben. Dem Weg etwas weiter folgend, kommt man zum Patenweinberg Bockenheims. Für einen Jahresbeitrag, der den Kulturverein Bockenheims unterstützt, kann jeder hier Weinstockbesitzer werden. Zwei Flaschen des Weinbergs sind den Unterstützenden garantiert. Der Weinberg wird an sommerlichen Wochenenden vom Schorle-Express bewirtet. Etwas abseits liegt eine Karsthöhle in einem Naturschutzgebiet. Bald kommt man zu einem Aussichtspunkt über Asselheim. Von dort aus sieht man schon die Rundtürme, die den Ort bekannt machten: der wie abgeschnitten wirkende Rote Turm sowie der Rundturm der Elisabethkirche mit seiner steinernen Wendeltreppe. Die gilt als älteste romanische Treppe Deutschlands. Hier oben wird eine Weinwanderhütte von April bis Oktober an Wochenenden von den Winzern des Dorfes bewirtschaftet. Daher bietet es sich an, hier eine Rast einzulegen und den Weinberg zu genießen.

- Start: Haus der Deutschen Weinstraße, Weinstraße 91B, 67278 Bockenheim an der Weinstraße, www.leiningerland.com
- ÖPNV: ab Bf Grünstadt R45, Haltestelle Bf Bockenheim, Fußweg ca. 15 Minuten

Anfang und Ende gut

80

Haus der Deutschen Weinstraße in Bockenheim

Das Haus der Deutschen Weinstraße in Bockenheim ist der nördlichste Punkt der Strecke. 1995 wurde es zwar modern, aber im Stil eines römischen Gutshofs angelegt. Auf diese Weise sollte der Bogen zu den Rebenbringern geschlagen werden. Das Gebäude überspannt die Weinstraße und dient zunächst als Anlaufstelle für Touristen, die den nördlichen Teil der Region besuchen. Außentafeln verschaffen einen ersten Überblick, Informationsmaterial und sachkundigen Rat erhält man während der Öffnungszeiten im Büro. Das Haus bietet aber auch herrliche Ausblicke. Im Turmzimmer hoch oben schaut man über die Weinreben und die Ebene bis zum Odenwald.

Als Halte- und Ruhepunkt ist das Restaurant gedacht, das seit 2019 Café Ideal heißt und das von früh bis in die Nacht Genuss sowie Entspannung verspricht. Das Haus der Deutschen Weinstraße liegt an einem See, der im Sommer eine Ruhe-Oase ist. Neben der Seeterrasse des Restaurants liegt ein gerne genutzter Spielplatz und im Sommer erfrischt die Besucher eine Kneipp-Tretanlage. Die ausgedehnte Weinlaube im Norden des Geländes, die als Festbereich der Ortsgemeinde genutzt wird, ist begrenzt von den Mauerresten einer mittelalterlichen Hofanlage. Von hier aus hat man einen schönen Blick auf die Martinskirche mit ihrem weißen Glockenturm aus dem 12. Jahrhundert. Dort standen auch die Emichsburg und später ein Schloss der Leininger Grafen, von dem noch ein mächtiges Portal aus dem 16. Jahrhundert zu sehen ist. Ein nach der Emichsburg benannter Preis wird in Bockenheim jedes Jahr an Persönlichkeiten verliehen, die sich für die Mundart verdient gemacht haben. Höhepunkt des Jahres ist der Oktober, wenn jährlich seit 1953 der Mundartdichterwettstreit stattfindet. Traditionell wird dessen Finale im Rahmen eines Volksfestes in einem großen Festzelt durchgeführt, nahe dem Haus der Deutschen Weinstraße. Wer also einmal in stimmungsvoller Atmosphäre das Pfälzische mit anspruchsvollen Texten hören möchte, sollte am dritten Oktoberwochenende einen Besuch in Bockenheim planen.

TIPP

Landgasthof Neuhäusel, Weinstraße 93, mit leckeren Speisen und Bockenheimer Wein.

- Haus der Deutschen Weinstraße, Weinstraße 91B, 67278 Bockenheim an der Weinstraße, bockenheim-online.de/entdecken/haus-der-deutschen-weinstrasse
- ÖPNV: Ab Bf Grünstadt, R45 nach Bf Bockenheim, Fußweg ca. 15 Minuten

Bibliografische Informationen der Deutschen Nationalbibliothek
Die Deutsche Nationalbibliothek verzeichnet diese Publikation in der Deutschen Nationalbibliografie; detaillierte bibliografische Daten sind im Internet über http://dnb.d-nb.de abrufbar.

Konzeption/Satz: Droste Verlag, Düsseldorf
Einbandgestaltung und Illustrationen: Britta Rungwerth, Düsseldorf, unter Verwendung von Bildern von © Fotolia.com: jd – photodesign.de; © iStock: Plociennik Robert
Fotos: Michael Landgraf, außer:
mit freundlicher Genehmigung S. 13: © Kakteenland Steinfeld; S. 27: © Wild- und Wanderpark Silz; S. 41: © Büro für Tourismus Annweiler; S. 69: © KulturNetz Mannheim Rhein-Neckar; S. 77: © Weinessiggut Doktorenhof; S. 83: © Historisches Museum der Pfalz; © Fotoarchiv Eisenbahnmuseum Neustadt, Jürgen Lemke; © Schloss Wachenheim; S. 135 © Pfalzmuseum für Naturkunde – POLLICHIA-Museum

MIX
Papier aus verantwortungsvollen Quellen
FSC® C011279

Druck und Bindung: LUC GmbH, Greven
ISBN 978-3-7700-2276-2

www.droste-verlag.de